BARF

Biologisch Artgerechtes Rohes Futter für Welpen

Die natürliche Aufzucht von Welpen mit BARF
und BARF für Züchter
Mit Tabellen, Futterplänen, Literatur- und Linktipps

Swanie Simon

Verlag Drei Hunde Nacht
Münchweiler, Deutschland

Weitere Infos zur Ernährung des Hundes finden Sie unter:
Drei Hunde Nacht: www.barfers.de
Forum: www.gesundehunde.de/forum

Für die Mitglieder des GesundeHunde Forums

Swanie Simon
BARF - Biologisch Artgerechtes Rohes Futter für Welpen
Die natürliche Aufzucht von Welpen und BARF für Züchter
1. Auflage 2002
7. Auflage Mai, 2012
Veröffentlicht im Verlag Drei Hunde Nacht

Texte, Satz, Umschlaggestaltung und Fotos von Swanie Simon
Druck: Die Druckerei.de, Neustadt an der Aisch
Printed in Germany
ISBN: 3-939522-01-5

Inhalt

Vorwort

Bevor ich mit der Aufzucht von Welpen und der Ernährung von Welpen und Zuchthündinnen beginne, möchte ich noch einiges zur Aufzucht bzw. zur Anschaffung eines Welpen im Allgemeinen sagen. Welpen sind niedlich; das wissen wir alle, aber sie bedeuten auch viel Arbeit und sind eine große Verantwortung. Die ersten Wochen im Leben eines Welpen sind entscheidend, sowohl körperlich als auch seelisch für den Rest seines Lebens.

„Es wäre doch eine interessante Erfahrung für die Kinder" oder „Es wäre gut für die Hündin" sind keine guten Gründe einen Wurf aufzuziehen. Sie werden sich später von den Welpen trennen müssen (was vielleicht keine tolle Erfahrung für die Kinder ist) und müssen für jeden Welpen ein ideales Zuhause finden. Im Zweifelsfall werden Sie für einige Welpen nicht gleich einen Besitzer finden und Zeit und Platz für sie haben müssen bis zu einer späteren Vermittlung bzw. Verkauf.

Auch wenn Sie sich einen Welpen kaufen möchten, sollte das keine spontane Entscheidung sein. Es gibt einiges zu bedenken:

> Ein Hund lebt im Schnitt 10 bis 15 Jahre.
> *Sind Sie auf eine so langjährige Verantwortung eingestellt?*
> Der süße Welpe ist nächstes Jahr ein Hund.
> *Und vielleicht nicht mehr ganz so süß.*
> Er muss täglich spazieren geführt werden.
> *Sind Sie dazu bereit?*
> Welpen machen Sachen kaputt!
> Was machen Sie mit dem Hund im Urlaub?
> Sie müssen Steuern, Versicherung, Futter, Tierarzt und evtl. Pension zahlen.
> *Sind Sie bereit, diese Kosten aufzubringen?*
> Der Hund muss erzogen werden, das bedeutet Arbeit!
> *Haben Sie sich überlegt, wie und wo Sie das machen können?*

Bevor Sie sich einen Welpen kaufen, sollten Sie sich gut überlegen, was für ein Hund es sein soll. Möchten Sie einen Rassehund oder lieber einen Mischling? Es gibt auch in Tierheimen gelegentlich Welpen, die sich über ein schönes Zuhause freuen. Es ist wichtig, dass der Hund zu Ihnen passt - zu Ihrer Familie, Ihrer Wohnung, Ihrem Lebensstil. Leider passiert es häufig, dass unerfahrene Ersthundbesitzer sich einen Hund aussuchen, der ihnen optisch gut gefällt aber vom Wesen und Temperament her überhaupt nicht zu ihnen passt. So wird beispielweise ein Hund aus rein jagdlich geführter Zucht nur im Ausnahmefall einen ruhigen, anspruchslosen Familienhund abgeben. Ein verantwortungsvoller Züchter achtet darauf, dass die Welpen zu Menschen kommen, die ihren speziellen Bedürfnissen gerecht werden können.

Sind Sie ein zukünftiger Ersthundbesitzer, sollten Sie sich unbedingt von einem erfahrenen Hundetrainer beraten lassen. Viele Hunde enden im Tierheim, weil die Sache vorher zu wenig durchdacht war. Wenn Sie zu einem Züchter gehen, schauen Sie sich alles genau an: die Elterntiere, das Umfeld, den Umgang mit und die Pflege der Hunde.

Zur Zucht sollten nur Hündinnen eingesetzt werden, die eine gute Gesundheit genießen und ein gesundes Instinktverhalten vorweisen. Eine Hündin, die zuvor wenig Interesse an ihren Welpen zeigte, nicht in der Lage war ohne Hilfe zu werfen, zu Allergien neigt, verhaltensauffällig, chronisch krank ist oder sonstige Einschränkungen hat, sollte nicht zur Zucht eingesetzt werden. Man sollte sich bei der Auswahl der Zuchthündinnen nicht auf das Äußere beschränken, denn ohne gesunde Muttertiere kann man auch keine gesunden Welpen züchten. Dasselbe gilt auch für Zuchtrüden, denn bestimmte Veranlagungen und Schwächen werden durchaus weiter vererbt. **Championatstitel aber werden nicht vererbt!**

Wenn Sie einen Wurf planen oder einen Welpen in Ihre Familie integrieren wollen, übernehmen Sie die Verantwortung für das Wohlergehen des Tieres bzw. des Wurfes. Dazu gehört auch eine optimale Ernährung. Die Ernährung ist das wichtigste Standbein einer guten Gesundheit und gerade bei jungen Tieren wichtig, denn hier wird der Grundstein für das gesamte Leben gesetzt. Das **BARF**-Konzept (**B**iologisch **A**rtgerechtes **R**ohes **F**utter) bietet Ihrem Hund eine solche gesundheitsfördernde Nahrung. BARF ist ein Begriff, der Futter beschreibt, das aus frischen Zutaten vom Hundebesitzer selber zusammengestellt und roh verfüttert wird. Hierbei versucht man so weit wie möglich die durch Evolution erprobte Ernährung eines wild lebenden Kaniden zu imitieren.

In dieser Broschüre wird erklärt, wie man die Zuchthündin vom Decktag bis zum Absetzen der Welpen und Welpen von der ersten Mahlzeit an nach dem BARF-Konzept ernährt. Der Druck als Broschüre dient dazu, dass diese Informationen für jeden mit 5,00 Euro erschwinglich bleiben in der Hoffnung, dass Züchter diese Broschüre zum Welpenpaket legen, wenn sie Ihre Welpen an die zukünftigen Besitzer abgeben. Als Züchter sollten Sie versuchen, die Welpenkäufer dazu zu bewegen, die artgerechte Ernährung mit BARF beizubehalten. Es bedarf meist erstaunlich wenig Überzeugungsarbeit, denn natürlich aufgezogene Welpen sprechen für sich! Über 90 % meiner Welpenkäufer füttern weiterhin nach BARF.

Zuletzt möchte ich mich bedanken, dass Sie diese Broschüre gekauft haben und somit Ihrem Hund etwas Gutes tun und meine weitere Arbeit unterstützen. Auf meiner Internetseite **www.barfers.de** finden Sie weitere Infos zu den Themen BARF und Naturheilkunde für Hunde. Unter **www.gesundehunde.de** betreibe ich zudem ein Forum mit demselben Themenbereich. Sie können mich per E-Mail über die barfers.de Webseite kontaktieren. Bitte haben Sie Verständnis dafür, dass ich nicht alle Anfragen zeitnah beantworten kann.

Swanie Simon

Ernährung und Pflege der Zuchthündin

Vor dem Deckakt

Es ist soweit! Sie haben Ihre Hündin auf eine artgerechte Ernährung mit rohem Futter umgestellt und wollen nun Ihren ersten BARF-Wurf züchten. Da können schon Bedenken auftreten, ob die Hündin und die ungeborenen Welpen wirklich mit allen Nährstoffen ausreichend versorgt werden, denn die Zucht ist die ultimative Bewährungsprobe eines Ernährungskonzepts.

Hat man eine gesunde Hündin und beschließt einen Wurf zu züchten, sollte man darauf achten, dass die Hündin schon vor dem geplanten Deckakt psychisch und physisch in bester Verfassung ist. Dazu gehört neben einer gesunden Ernährung auch ausreichend Bewegung, gute und saubere Unterbringung, Kontakt zu Artgenossen, Familie und geistige Beschäftigung. Wenn Sie noch Fertigfutterprodukte füttern, dann sollten Sie eine Umstellung auf BARF vor der Trächtigkeit durchführen und nicht mittendrin, außer es gibt einen wichtigen Grund, z. B. dass die Hündin ihr Fertigfutter nicht mehr verträgt. Ansonsten sollten Sie eine Umstellung entweder vor dem Decken oder nach dem Absetzen der Welpen durchführen. Bis dahin können Sie das Fertigfutter mit frischen Zutaten aufwerten.

Die Ernährung der Zuchthündin ist von größter Wichtigkeit, denn von der Mutter bekommen die Welpen während der Trächtigkeit und in den ersten Lebenswochen alle nötigen Nährstoffe, Abwehrstoffe und letztendlich den Grundstein ihrer eigenen guten Gesundheit. BARF bietet eine optimale Ernährung für die Zuchthündin und ihre Welpen.

Sorgen Sie dafür, dass die Hündin bereits vor der Befruchtung nicht über- oder untergewichtig ist. Bei übergewichtigen Hündinnen kommt es öfters zu Geburtsschwierigkeiten und bei untergewichtigen Hündinnen kann es während der Laktationszeit zu einem erheblichen Substanzverlust und mangelnder Milchbildung kommen.

Schwangerschaft ist keine Krankheit - das trifft auch bei Hunden zu, und so sollten Sie Ihre tragende Hündin in den ersten Wochen nicht besonders schonen. Bewegung ist wichtig für den Stoffwechsel, um die Festigkeit zu erhalten und für das psychische Wohlergehen der Hündin. Stress-Situationen und sportliche Tätigkeiten mit einer hohen Verletzungsgefahr sollten vermieden werden sowie Hochleistungssport. VPG Sport könnte man durchaus weiter trainieren, sollte aber auf Hürdensprünge und den Schutzdienst verzichten (Stress und Verletzungsgefahr).

Vor dem Decktag füttert man die Hündin ganz normal, wie in der BARF Broschüre beschrieben. Die Ergänzung essentieller Fettsäuren (Fischöl, Hanföl, Borretschöl) ist sinnvoll, da die enthaltenen Fettsäuren für eine normale Hormonproduktion wichtig sind.

Ernährung der trächtigen Hündin

In den ersten fünf Wochen der Trächtigkeit braucht die Hündin nicht wesentlich mehr Nahrung als sonst, da das Wachstum der Föten in dieser Zeit sehr gering ist; sie erreichen nur 25-30 % ihres Geburtsgewichts bis Ende der fünften Woche. Oft fasten die Hündinnen freiwillig in der vierten oder fünften Woche der Schwangerschaft – hier sollte man der Natur ihren Lauf lassen und nicht versuchen, die Hündin zum Fressen zu animieren. Überhaupt kann eine Hündin während der Trächtigkeit recht mäkelig sein, was dem Besitzer oft große Sorgen bereitet. Diese Sorgen sind jedoch unbegründet, wenn die Hündin vor der Trächtigkeit in guter Verfassung war - sie und die Welpen werden keinen Schaden erleiden, wenn die Hündin mal nicht gut frisst.

Der Bedarf an Futter erhöht sich bis auf das 1,5-fache in dem letzten Drittel der Schwangerschaft. Daher empfiehlt es sich, ab Ende der vierten Schwangerschaftswoche die Nahrungszufuhr um ca. 10 % pro Woche zu erhöhen, so dass die Hündin zum Ende der Schwangerschaft in etwa das 1,5-fache an Nahrung bekommt.
Eine genaue Anleitung zur Ernährung der trächtigen Hündin finden Sie ab Seite 40.

In den letzten zwei Wochen der Trächtigkeit ist es ratsam, die Hündin drei mal täglich zu füttern, um die Verdauung zu erleichtern und um es der Hündin etwas bequemer zu machen, da der Druck im Bauchraum durch die wachsenden Föten steigt. In den letzten Tagen sollte man leicht verdauliche Mahlzeiten verabreichen und nur kleine Mengen an Knochen füttern um zu verhindern, dass es zu unangenehmen Verstopfungen kommt. Trächtige Hündinnen brauchen genausowenig wie junge Hunde eine spezielle Nahrung. Der Mehrbedarf an verschiedenen Nährstoffen wird dadurch gedeckt, dass die Hündin im Verhältnis zum Körpergewicht insgesamt mehr frisst, wie es in der Natur auch vorgesehen ist. In den ersten Wochen kann man der Hündin ihr Futter in den üblichen Mengen geben. Man sollte nur darauf achten, dass der Bedarf an Mineralien, Vitaminen, Spurenelementen und essentiellen Fettsäuren sicher gedeckt ist.

Nahrungsergänzung für trächtige und laktierende Hündinnen

Bestimmte Ergänzungsfuttermittel und Kräuter können unterstützend während der Trächtigkeit gefüttert werden. Ich habe die Erfahrung gemacht, dass etwas Getreide im Futter trächtigen Hündinnen gut bekommt. Da unsere Lebensmittel heutzutage oft einen geringeren Gehalt an Vitaminen und Mineralstoffen aufweisen und auch unsere Schlachttiere zum Teil mit nicht artgerechten Futtermitteln aufgezogen werden, ist es sinnvoll, auch während der Trächtigkeit einige Nahrungsergänzungsmittel zu verabreichen. Bestimmte Kräuter liefern Vitamine, Mineralien und Enzyme und unterstützen zusätzlich den Geburtsvorgang. Bei den Vitaminen und Mineralien sollte man darauf achten, dass Lebensmittel, die diese Nährstoffe enthalten, während der Trächtigkeit verstärkt gefüttert werden. Eine Ergänzung mit künstlichen Vitaminen usw. ist unnötig.

Himbeerblatt

Himbeerblatt ist das Schwangerschaftstonikum schlechthin und wird seit Jahrhunderten traditionell bei Schwangerschaften eingesetzt. Die Wirkung des Himbeerblattes besteht darin, dass die Muskulatur des Uterus und der Beckenregion gestärkt wird, so dass die Gefahr einer Fehlgeburt geringer und schließlich bei der Geburt die Kraft der Kontraktionen erhöht ist. Himbeerblatt hilft die glatte Muskulatur der Gebärmutter während der Presswehen zu entspannen, so sind die Kontraktionen effektiver. Im Gegensatz zu einigen gängigen Glaubenssätzen verursacht Himbeerblatt KEINE vorzeitigen Wehen und KEINE Erweiterung des Muttermundes. Im Gegenteil, es verhindert Verkrampfungen der Gebärmutter. In Studien mit schwangeren Frauen wurden keine Schwangerschaftskomplikationen, toxischen Wirkungen oder Wachstumsstörungen bei Föten nach Verabreichung von Himbeerblatt während der gesamten Schwangerschaft beobachtet (McFarlin et al., 1999). Es gibt mehrere Studien im Humanbereich, die zeigten, dass die Einnahme von Himbeerblatt während der Schwangerschaft Kaiserschnitte, Zangengeburten, Frühgeburten und schwere Blutungen deutlich reduzierte (Parsons et al., 1999).

Himbeerblatt hilft außerdem bei morgentlicher Übelkeit und erhöht die Fruchtbarkeit, so dass es sinnvoll ist, Himbeerblatt schon vor dem Deckakt zu geben. Des Weiteren reduziert Himbeerblatt die Geburtsschmerzen und -blutungen, hilft die Nachgeburten auszuscheiden, lässt die Gebärmutter schneller abschwellen und fördert die Milchbildung. Himbeerblatt ist wegen seines Reichtums an Vitamin C, Calcium, den Vitaminen A, B, D, E sowie Mangan und Eisen eine hervorragende Ergänzung des Futterplans bei trächtigen und säugenden Hündinnen.

Zubereitung

Man kann entweder die getrockneten Blätter direkt unter das Futter mischen oder einen Tee zubereiten und unter das Futter mischen.

Für den Tee eine kleine Handvoll Himbeerblatt in einen Liter kaltes Wasser geben, das Ganze erhitzen bis zum Kochpunkt, von der Herdplatte entfernen, zudecken und über Nacht ziehen lassen, anschließend absieben und gekühlt aufbewahren.

Dosierung Tee:
ab der Läufigkeit 1 EL Tee/20 kg Körpergewicht täglich, ab der 3. Trächtigkeitswoche die Dosis auf 2 EL Tee/20 kg Körpergewicht täglich erhöhen und ab der 7. Woche bis zur Geburt die Menge langsam bis auf 4 EL Tee/20 kg Körpergewicht täglich erhöhen.

Dosierung getrocknete Blätter:
ab der Läufigkeit 1 gehäufter TL/20 kg Körpergewicht/Tag ins Futter, ab der 3. Trächtigkeitswoche die Dosis auf 2 gehäufte TL/20 kg Körpergewicht/Tag erhöhen.
Ab der 7. Woche bis zur Geburt die Menge bis auf 2 gehäufte EL/20 kg Körpergewicht pro Tag erhöhen.

Himbeerblatt ist gewöhnlich sehr leicht und locker, so dass ein TL keine große Menge ist. Sollten Sie aus irgend einem Grund fein gemahlene Himbeerblätter bekommen, sollte die Menge auf ein Viertel der o. g. Dosierung reduziert werden.

Nach der Geburt sollte Himbeerblatt bis zum Absetzen der Welpen weiter gegeben werden, um die Milchbildung anzuregen und die Gebärmutter beim Selbstreinigungsprozess zu unterstützen.

Alfalfa

Alfalfa (Grünmehl) ist ein weiteres Kraut, das seit Jahrhunderten mit Erfolg bei allen möglichen Krankheiten und zur Nahrungsergänzung eingesetzt wird. Besonders bei trächtigen Tieren ist Alfalfa eine vitamin- und mineralreiche Futterergänzung.

Die Araber gaben Alfalfa seinen Namen *Al-Fal-Fa*, was *Vater aller Nahrungsmittel* bedeutet. Sie beobachteten, dass ihre Pferde schneller, stärker und gesünder waren, wenn sie regelmäßig Alfalfa bekamen. Viel Kräuterwissen entstammt Völkern, die von Nutztieren abhängig waren und deren Existenz u. a. davon abhing, präzise Beobachtungen zu der Wirkung von Heilpflanzen zu machen. Die Araber hätten wohl kaum Alfalfa an ihre heiligen Stuten verfüttert, wenn das zu Fruchtbarkeitsstörungen geführt hätte.

In der TCM wird Alfalfa eingesetzt um Nierensteine und Verdauungsstörungen zu behandeln. Alfalfa unterstützt die Leber, fördert die Verwertung von Fetten in der Nahrung, verhindert das Wachstum von Krebszellen, entsäuert und hilft bei Gelenkserkrankungen aller Art. Alfalfa hilft zudem bei morgentlicher Übelkeit, fördert die Bildung von roten Blutkörperchen, normalisiert den Hormonhaushalt, reduziert Blutungen nach der Geburt und unterstützt die Milchbildung. Alfalfa enthält sehr viel Calcium, Eisen, Zink, alle Vitamine insbesondere Vitamin K, Chlorophyll, Biotin und Spurenelemente.

Phytoestrogene in Alfalfa

Da Alfalfa Phytoestrogene enthält, wird leider manchmal empfohlen, auf dieses wunderbare Kraut bei Trächtigkeit zu verzichten. Ich versuche an dieser Stelle kurz zu erklären, wie es zu dieser Fehlinformation gekommen sein könnte.

Phytoestrogene sind in sehr vielen Lebensmitteln und Kräutern enthalten, z. B. Rosenkohl, Erdnüsse, Hefe, Kirschen, Pflaumen, Fenchel, Rotklee, Äpfel, rote Beete, Karotten, Erbsen, Gurken, Leinsamen, Hafer, Oliven, Olivenöl, Papaya, Petersilie, Kartoffeln, Kürbis, Reis, Weizen, Sonnenblumenkerne und Soja, um nur einige zu nennen. Dennoch werden all diese Lebensmittel von Frauen und auch weiblichen Tieren gegessen, ohne dass es zu Fruchtbarkeits- oder Geburtsstörungen kommt. Das liegt auch daran, dass Menschen und Hunde sich nicht ausschließlich von großen Mengen der o.g. Lebensmittel ernähren.

Die Phytoestrogene in Alfalfa haben die Eigenschaft, den Hormonhaushalt bei Menschen und Tieren zu normalisieren!

Anders ist das im Agrarbereich. Oft werden Schafe, Rinder, Pferde oder Ziegen auf Weideflächen mit einem überwiegenden Anteil an phytoestrogenhaltigen Pflanzen wie Rotklee oder Alfalfa gehalten. Da diese zwei Pflanzen einen hohen Nährwert haben, macht das auch Sinn. Bei diesen Riesenmengen an Rotklee oder Alfalfa können die aufgenommenen Phytoestrogene zu vorübergehenden Fruchtbarkeitsstörungen führen.

Die Wirkung von Phytoestrogenen ist 1.000 mal schwächer als die Wirkung von körpereigenen Östrogenen. Phytoestrogene sind keine echten Östrogene, sondern Pflanzeninhaltsstoffe, die in ihrer Struktur Östrogenen so ähnlich sind, dass sie im Körper Östrogene imitieren und umgekehrt auch als Östrogenantagonisten wirken können. Sind im Körper zuviele Östrogene vorhanden, konkurrieren die Phytoestrogene mit den Östrogenen um die freien Östrogenrezeptorenstellen. Docken genügend Phytoestrogene an den Rezeptorenstellen an, verursachen sie eine wesentlich mildere Wirkung im Organismus, als es die stärker wirkenden Östrogene tun würden. Sind zu wenig Östrogene im Körper vorhanden, docken die Phytoestrogene an den unbesetzten Östrogenrezeptoren an und verstärken so die östrogene Wirkung.

In kleinen bis mäßigen Mengen führt Alfalfa lediglich zur Stabilisierung des Hormonhaushaltes und führt keineswegs zu Fruchtbarkeitsstörungen.

Alfalfa giftig?

Wenn man in Giftpflanzendatenbanken im Internet, z. B. bei der Datenbank des Instituts für Veterinärpharmakologie und -toxikologie in der Schweiz (www.giftpflanzen.ch) nachschaut, findet man zu Alfalfa unter dem Stichwort *Hund* den Hinweis:

„Giftig + (in Ausnahmefällen), Erläuterung giftig +: Klinische Störungen nach Aufnahme grosser Pflanzenmengen.“

Des Weiteren: *„Wirkungsmechanismen: Schaumige Gärung im Pansen wahrscheinlich durch lösliche, cytoplasmatische Proteine. Phytoestrogene können zu Fruchtbarkeitsstörungen führen.“*

Exakt den selben Hinweis zu Alfalfa findet man unter den Stichwörtern *Geflügel, Katze, Pferd, Rind, Schaf, Ziege, Schwein, Zoo- und Heimtiere.*
Was hat das nun zu bedeuten?

Der Hundemagen wird nicht als Pansen bezeichnet, deshalb kann die *schäumige Gärung* nur bei Tieren mit Pansen, also Rinder, Schafe, Ziegen etc. auftreten. Geht man den Literaturhinweisen im Einzelnen nach, erhärtet sich der Verdacht, dass diese Giftmeldungen nur auf landwirtschaftliche Nutztiere zutreffen und nicht auf Hunde - die Studien und Literatur, die man zu Vergiftungen durch Alfalfa findet, beziehen sich nahezu ausnahmslos auf den Agrarbereich.

Es wurde z. B. festgestellt, dass Rinder und Schafe, die auf Alfalfaweiden grasten, eine schlechtere Fruchtbarkeit aufwiesen. Reduzierte man die Alfalfaaufnahme in den zwei Wochen vor der Befruchtung des Tieres, war die Fruchtbarkeit wieder normal (Adams 1989, Hall and Majak 1989).

Bei Hühnern, die mit übermäßigen Mengen an Alfalfa gefüttert worden waren, führten die **Saponine** in Alfalfa zu Wachstumsstörungen, die eine reduzierte Legekapazität nach sich zogen (Oakenfull, D., Sidhu, G. S. 1989).

Bei hellhäutigen Rindern, die auf Alfalfafeldern grasten, trat in seltenen Fällen eine Photosensibilisierung mit Hautläsionen auf (MacDonald, H. E. 1954).

Tatsächlich gibt es einen Bericht zu Vergiftungen bei Hunden, und zwar über Hunde, die nach dem Verzehr größerer Mengen an verdorbener Alfalfasilage Vergiftungen erlitten. Diese Vergiftungen hatten allerdings nichts mit der Alfalfapflanze an sich zu tun, sondern mit den durch Fäulnis entstandenen Toxinen, die in der Silage zu finden waren. Theoretisch ist eine leichte Vergiftung (Magen-Darmbeschwerden, Blähungen) durch Alfalfa möglich, wenn der Hund eine entsprechende Menge (über ein Pfund) fressen würde. Ein solches Unwohlsein könnte bei dem Verzehr großer Mengen von fast jeder Pflanze auftreten.

Es gibt einige Studien zur Toxizität von Alfalfasprossen und -samen. Alfalfasprossen und -samen enthalten die Aminosäure L-Canavanin, die in einer Studie mit Affen für den Ausbruch einer lupusähnlichen Erkrankung verantwortlich gemacht wird. Der Canavaningehalt in Alfalfa verschwindet mit zunehmender Reife der Pflanze, so dass die Gefahr bei Alfalfagrünmehl nicht mehr gegeben ist.

Obwohl es der Einnahme recht großer Mengen an Alfalfasprossen oder -samen bedarf, um Symptome einer Canavaninvergiftung auszulösen, würde ich grundsätzlich von der Fütterung von Alfalfasprossen und -samen an Hunde abraten, da die Sprossen zusätzlich mit Bakterien wie S. enterica und E. coli kontaminiert sein könnten.

In kleinen bis mäßigen Mengen ist Alfalfagrünmehl keineswegs toxisch und kann bedenkenlos an Hunde, auch trächtige Hündinnen verfüttert werden.

Getreide

Eine kleine Getreidebeigabe (10 % der Gesamtration) hilft der Hündin bei der Milchbildung und liefert schnell Energie. Erfahrungsgemäß fressen auch Hündinnen, die sonst kein Getreide mögen, sehr gerne Getreide während der Trächtigkeit. Getreide liefert als Kohlenhydratquelle die in der Schwangerschaft benötigte Zusatzenergie ohne die Gesamtfutterration durch Fütterung von zusätzlichem Eiweiß und Fett extrem erhöhen zu müssen.

Algen

Meeresalgen wie Blasentang regen den Stoffwechsel an und liefern Jod für eine gesunde Schilddrüsenfunktion. Neben Jod, Aminosäuren, Mineralien (insbesondere Calcium) enthalten Meeresalgen wichtige Spurenelemente.

Knoblauch

Knoblauch reinigt das Blut, stärkt das Immunsystem und hilft Wurmbefall zu verhindern. Laktierende Hündinnen geben die in Knoblauch enthaltenen Wirkstoffe mit der Muttermilch an die Welpen weiter (Dosierung: max. 1 Zehe/30-kg-Hündin/3 x pro Woche).

Fettsäuren

Essentielle Fettsäuren sollten verstärkt während der Schwangerschaft und in der Laktationszeit ergänzt werden. Besonders reich an Omega-3-Fettsäuren sind Leinsamenöl, Fischöl (nicht Lebertran!) und Hanföl. Borretschöl, Nachtkerzenöl und Schwarzkümmelöl sind reich an Gammalinolensäure, die außer in diesen Ölen nur in Muttermilch enthalten ist.
Menge: 1 TL/10 kg Körpergewicht/Tag - zwischen den Ölen wechseln.

Vitamin A und D

Vitamin A ist ausreichend in Leber vorhanden; Vitamin D wird vom Hund durch Sonnenlicht synthetisiert, man findet es außerdem in Fisch, Leber, Lebertran, Milchprodukten und grünem Blattgemüse. Eine extreme Überdosierung von Vitamin A oder D kann zu Missbildungen bei Föten bzw. zum Abort führen. Aus diesem Grund rate ich, wenn überhaupt nur wenig Lebertran während der Schwangerschaft zu füttern.

Vitamin B

B-Vitamine sind wichtig für die Entwicklung der Welpen; ein Mangel kann zu Missbildungen der Welpen führen, vor allem ein Mangel an Folsäure (B-9). Bei der Rohernährung sind B-Vitamine ausreichend vorhanden, jedoch ist darauf zu achten, dass ausreichend Leber gefüttert wird (reich an Folsäure). Ich empfehle während der Trächtigkeit und Säugeperiode 2 x wöchentlich 100-150 g Leber (Rind oder Huhn)/30 kg Körpergewicht.
Eine Überdosierung von Vitamin A durch diese Mengen an Leber ist nicht möglich.

Während der Trächtigkeit gänzlich auf Leber zu verzichten halte ich für einen groben Ernährungsfehler!

Vitamin C

Vitamin C ist wichtig für die Entwicklung von Knochen und Knorpel, erleichtert den Geburtsvorgang und hilft schwächliche Welpen zu verhindern. Einige Ernährungsexperten empfehlen sehr hohe Dosierungen während der Schwangerschaft, aber ich bin der Meinung, dass eine mäßige Ergänzung mit Naturmitteln (Acerola, Hagebutten) der bessere Weg ist. Meine Hündinnen bekommen währen der Trächtigkeit einen gehäuften Teelöffel Hagebuttenpulver pro 10 kg Körpergewicht täglich.

Vitamin E

Vitamin E ist wichtig als Antioxidans, indem es verhindert, dass die essentiellen Fettsäuren von freien Radikalen zerstört werden. Ein Mangel kann zu Fehlgeburten und Geburtsproblemen führen. Außerdem hilft es schwächliche Welpen zu verhindern und spielt eine wichtige Rolle bei der Entwicklung des Immunsystems. Vitamin E-reich sind Salat und grünes Blattgemüse, Alfalfa, DHN Vita-Derm-Öl und Distelöl.

Vitamin K

Vitamin K1 wird aus pflanzlichen Stoffen aufgenommen, Vitamin K2 durch Darmbakterien hergestellt. Vitamin K ist maßgeblich am Calciumstoffwechsel beteiligt, daher sollte dafür gesorgt werden, dass der Hündin und den Welpen genügend Vitamin-K-haltige Lebensmittel gefüttert werden. Vitamin K findet man in Fisch, Leber, Alfalfa, Algen, Eigelb, Fischölen und grünem Blattgemüse. Ansonsten kann man Vitamin K1-Tropfen verabreichen. 0,5-1 Tropfen/kg Körpergewicht. Eine Überdosierung ist nicht bekannt.

Zink

Zink ist für das gesunde Wachstum der Welpen und zur Stärkung des Immunsystems wichtig. Viele Diäten, die Huhn als Haupt- oder alleinige Nahrungsquelle nutzen, sind defizient an Zink. Ein zu hoher Getreideanteil behindert ebenfalls die Aufnahme von Zink.
Leber, Milch und Eigelb enthalten viel Zink.

Calcium

Calcium ist wichtig für Knochenbildung, Herzfunktion, Blutgerinnung und natürlich Trächtigkeit und Laktation. Bei der Rohernährung ist ausreichend Calcium vorhanden, vorausgesetzt man füttert Knochen oder ein Calciumpräparat. Calciumreich sind außerdem
Alfalfa, Algen, grünes Blattgemüse und Eierschalen.

Wichtig! Bei Trächtigkeit und Laktation braucht Calcium nicht zusätzlich ergänzt zu werden. Bei einer normalen Ernährung mit BARF (inkl. fleischigen Knochen) ist der erhöhte Ca-Bedarf durch die erhöhte Futtermenge gedeckt. Ein zu großer Überschuss an Calcium kann eine Eklampsie provozieren!

Zu Vermeiden während der Trächtigkeit!

Baldrian, Kamille, Katzenkralle, Katzenminze, Mädesüß, Petersilie, Rotklee, Senna, Süßholz, Uva Ursi, Walnussrinde, Walnussschalen, Wermut, Yucca, Zitronenmelisse.

Geburtsvorbereitung

Die Hündin sollte zum Werfen eine Wurfkiste haben, die groß genug ist, dass die Hündin sich bequem ausstrecken kann. Sie sollte rechtzeitig an diese Kiste gewöhnt werden, damit sie sich dort bei der Geburt wohl fühlt. Für die Geburt kann die Kiste mit Zeitungspapier ausgelegt werden. Ich lege die Wurfkiste mit ganz vielen Schichten Zeitungspapier aus, wovon ich während der Geburt immer wieder einige abziehen kann, damit die Kiste relativ trocken und sauber bleibt. Nach der Geburt sollte eine weiche, rutschfeste Unterlage reingelegt werden, zum einen wegen der Wärme und des Komforts, zum anderen damit die Welpen nicht ständig herumrutschen. Die Wurfkiste sollte an einem relativ warmen und ruhigen Ort stehen, da die Welpen besonders in den ersten Tagen warm gehalten werden müssen und die Hündin Ruhe braucht.

Wovon ich abrate, ist die prophylaktische Verabreichung homöopathischer Mittel während der Schwangerschaft – ein gesundes Tier hat selten Probleme beim Werfen und eine Dauergabe homöopathischer Mittel kann zu einer Arzneimittelprüfung führen, was unter Umständen genau das Gegenteil bewirkt von dem, was man sich davon versprochen hat.

Eine Hündin trägt ±63 Tage. Die normale Temperatur des Hundes kann zwischen 37,5° und 38,5° C liegen, deshalb ist es wichtig in der letzten Woche der Trächtigkeit morgens und abends rektal Fieber zu messen, um die Normaltemperatur **Ihrer** Hündin festzustellen. 12 bis 24 Stunden vor der Geburt sinkt die Temperatur um 1° C. Meist ist die Hündin dann unruhig, hechelt recht viel und scharrt in ihrer Wurfkiste oder buddelt sogar ein Loch im Garten. Das Scharren in der Wurfkiste sollten Sie nicht unterbinden, denn es hilft die Wehen anzuregen.

Oft verweigert die Hündin in den 24 Stunden vor der Geburt das Fressen, dieses ist aber kein zuverlässiges Zeichen der bevorstehenden Geburt. Ich habe öfters Hündinnen erlebt, die bis zu zwei Stunden vor der Geburt des ersten Welpen eine große Mahlzeit gefressen haben!

Einige Sachen sollten Sie kurz vor der Geburt noch bereitstellen:

- Notnummer Ihres Tierarztes
- Saubere Handtücher
- Wärmekissen oder -flasche
- Schere und dünne Schnur
- Desinfektionsmittel
- Caulophyllum D4 oder D6

Die Geburt

Ich habe schon dutzende Geburten erlebt, aber es ist jedes Mal genau so aufregend und schön, die kleinen Lebewesen in unserer Welt willkommen zu heißen wie beim ersten Mal. Die Geburtsphase beginnt mit Vorwehen, die schon bis zu 48 Stunden vor der Geburt auftreten können. Mit den Presswehen beginnt dann die eigentliche Geburt, die bis zu 18 Stunden dauern kann. Die Zeit zwischen den Welpengeburten dauert in der Regel 10-45 Minuten, sollte aber nicht länger als zwei Stunden sein. Ist dies der Fall und Sie sind sicher, es sind noch Welpen in der Hündin, dann kann es helfen, sie zu bewegen (auch springen und rennen lassen) und/oder ihr ein homöopathisches Mittel zu geben.

> Tipp: Ist die Hündin während der Geburt sehr erschöpft, hilft es oft ihr eine kleine flüssige Mahlzeit anzubieten. Etwas Ziegenmilch oder roter Traubensaft mit Ei und Honig gibt schnell Energie und belastet die Verdauung nicht.

Bei Wehenschwierigkeiten wird oft das homöopathische Mittel Pulsatilla eingesetzt; ich habe die besseren Erfahrungen mit Caulophyllum in einer D4 oder D6 Potenz gemacht. Sind bereits vier Stunden vergangen und es kommt kein Welpe trotz Einsatz eines homöpathischen Mittels, würde ich definitiv den Tierarzt aufsuchen und eventuell eine Wehenspritze geben lassen.

Manchmal passieren während der Geburt merkwürdige Sachen. Ich habe schon erlebt, dass eine Hündin einen Welpen „verloren hat“, als sie zwischen den Geburten sich draußen löste (Kot absetzte). Deshalb sollten Sie vorsichtshalber immer mitgehen, wenn die Hündin sich löst, und nachts eine Taschenlampe mitnehmen, damit Sie kontrollieren können, dass kein Welpe dabei verloren geht.

Ist ein Welpe geboren, leckt die Hündin ihn gründlich ab und durchtrennt die Nabelschnur. Bei unerfahrenen Hündinnen kann es vorkommen, dass die Nabelschnur zu kurz abgebissen wird und der Welpe recht stark blutet. In dem Fall die Nabelschnur mit einem milden Desinfektionsmittel abwaschen und mit der dünnen Schnur abbinden. Nach jedem Welpen kommt eine Nachgeburt, die die Hündin in der Regel auffrisst. Unterbinden Sie das nicht, denn das Fressen der Nachgeburten regt weitere Wehen und die Milchbildung an.

Die Welpen sollten in den ersten drei Tagen recht warm gehalten werden (26-28° C), da sie ihre Körpertemperatur nicht selbst halten können. Eine höhere Temperatur hilft zudem gegen Infektionen zu schützen. Tipp: Liegen die Welpen alle sehr eng zusammen und sind unruhig oder weinen viel, ist ihnen wahrscheinlich zu kalt. Liegen sie weit auseinander, ist ihnen eventuell zu warm.

Achten Sie darauf, dass die Welpen kurz nach ihrer Geburt kräftig trinken und vor allem in den ersten Tagen ordentlich zunehmen. Die erste Milch der Mutter wird Kolostralmilch genannt und enthält Antikörper, die die Welpen vor Krankheiten in den ersten Wochen schützen. Es ist sehr wichtig, dass alle Welpen ausreichend Kolostralmilch trinken.

Laktation

Folgende Mittel helfen Milch zu bilden: rohe, unbehandelte Ziegenmilch, Quark, Buttermilch, Alfalfa, Eibisch, Fenchelsamen, Haferflocken, Algen, Melasse, Honig, Eier, Möhren, Himbeerblatt, Dill, Slippery Elm (Ulmenmehl) und Borretsch.

Nach der Geburt steigt der Nahrungsbedarf der Hündin erheblich. In der ersten Woche reicht oft noch das 1,5-fache, außer der Wurf ist sehr groß, danach steigt der Nahrungsbedarf stetig bis auf das 2,5- bis 3-fache in der dritten bis vierten Woche nach der Geburt. Hier ist besonders darauf zu achten, dass ausreichend Calcium, am besten in Form von Knochen, gefüttert wird. Der Calciumbedarf der laktierenden Hündin steigt stetig bis zum Höchstbedarf in der 3. und 4. Woche. Man sollte die Hündin genau beobachten um sicher zu sein, dass sie nicht stark abnimmt, und die Welpen wiegen um sicher zu sein, dass sie jeden Tag zunehmen. Wichtig ist auch, dass die Hündin stets frisches Wasser zur Verfügung hat.

Während der Laktation ist es nicht nötig, einen speziellen Futterplan aufzustellen, da der Mehrbedarf an Nährstoffen durch die erhöhte Futtermenge gedeckt wird. Was sich empfiehlt, sind energiereiche Lebensmittel und eine erhöhte Fettzufuhr. Die Hündin sollte zumindest in den ersten vier Wochen der Stillzeit zwei bis drei mal täglich gefüttert werden. Sie sollte viel frisches grünes Blattgemüse, hochwertiges Fleisch mit gutem Fettanteil, fettreiche Milchprodukte, Eier, vitaminreiches Gemüse und Obst, etwas Getreide (milchbildend) und einige milchbildende Ergänzungsmittel bzw. Kräuter bekommen. Kokosöl bietet eine zusätzliche Fettquelle und hat durch seinen Laurinsäuregehalt noch wurmabweisende Eigenschaften.

Die Hündin sollte so lange stillen dürfen, wie sie möchte, vorausgesetzt sie schafft es, ohne erheblich an Substanz zu verlieren. Heutzutage werden Welpen oft schon ab dem 21. Tag beigefüttert, um die Hündin zu „schonen“ oder die Welpen früher zum Verkauf anbieten zu können. Eine gesunde Hündin bietet ihren Welpen noch nach 8 Wochen ein- bis zweimal am Tag Milch an und sollte nicht unbedingt daran gehindert werden, außer sie ist stark abgemagert. Um Verletzungen an den Zitzen zu verhindern, sollten die Krallen der Welpen mit 3-4 Wochen etwas gekürzt werden.

Viele Hündinnen beteiligen sich gerne an der anfänglichen Ernährung der Welpen mit fester Nahrung, indem sie die von ihr aufgenommene Nahrung für die Welpen erbrechen. Dieses Verhalten ist natürlich, normal und gesund und sollte nicht unterbunden werden. Dabei ist darauf zu achten, dass die Hündin dann nochmal gefüttert wird, damit auch ihr Nährstoffbedarf gedeckt ist.

Probleme bei der Aufzucht

Schwache Welpen

Manchmal hat man einen Welpen im Wurf, der etwas schwach ist. Hier kann eine Gabe von Calcium Carbonicum (homöopathisch, D4 oder D6) helfen. Für einen Welpen, der nur ein paar Tage alt ist, reicht eine Dosis von einem Globuli in etwas Wasser aufgelöst.
Ist ein Welpe unterkühlt, bringen Sie erst die Körpertemperatur hoch mit Hilfe einer Wärmflasche o.ä., bevor Sie ihn trinken lassen. Sie können die Körpertemperatur kontrollieren, indem Sie einen Finger in das Maul des Welpen stecken - es sollte körperwarm sein. Wenn nicht, dann erst den Welpen erwärmen. Warme Milch an unterkühlte Welpen verfüttern bringt sie sicher um!

Sollte die Hündin einen Welpen nicht annehmen, hat das meistens einen Grund. So bitter das auch sein mag, es ist nicht ratsam sich einzumischen. Hündinnen wissen instinktiv, wenn ein Welpe nicht überlebensfähig ist und sortieren ihn aus. In 25 Jahren Hundezucht habe ich die Erfahrung gemacht, dass aussortierte Welpen, die mit der Flasche aufgezogen wurden um sie zu retten, ausnahmslos chronisch krank bis schwerstbehindert waren, wenn sie überhaupt ein Alter von 8-9 Wochen erreichten. In den meisten Fällen mussten sie dann eingeschläfert werden. Das Einschläfern eines acht Wochen alten Welpens war eine viel schlimmere Erfahrung für die Beteiligten als das Sterben eines wenige Tage alten Welpens.
Fazit: Mischen Sie sich nicht in die Entscheidung der Mutterhündin ein!
Sie weiß, was sie tut.

Anders ist das, wenn die Hündin den gesamten Wurf ablehnt. Hier ist dringend ein Tierarzt aufzusuchen, denn oft handelt es sich um eine Erkrankung der Hündin. Es gibt Hündinnen, die kein Interesse an ihren Welpen zeigen, auch ohne krank zu sein. Dies ist eine gravierende Verhaltensstörung, eine solche Hündin muss aus der Zucht herausgenommen werden!

Mutterlose Welpen

> **Wichtig!**
> Füttern Sie mutterlose Welpen nicht ausschließlich mit Ziegenmilch. Ziegenmilch alleine deckt nicht einmal annähernd den Nährstoffbedarf eines Welpen.

Leider kommt es vor, dass eine Hündin die Geburt nicht überlebt oder keine Milch bildet und man keine Amme zur Verfügung stehen hat. In solch einem Fall müssen die Welpen mit der Flasche aufgezogen werden. Sie können entweder einen künstlichen Milchersatz benutzen oder eine selbst zubereitete Mischung auf Ziegenmilchbasis. Ziegenmilch ist auf jeden Fall vorzuziehen, denn Welpen, die mit künstlichem Milchersatz aufgezogen werden, haben später öfter Verdauungsstörungen als Welpen, die Muttermilch oder Rohmilch bekommen. Kuhmilch eignet sich nicht gut zur Welpenaufzucht, da sie meist schlecht vertragen wird. Ziegenmilch unterscheidet sich in ihrer Zusammensetzung zwar kaum von Kuhmilch, wird aber wegen ihrer besonderen Fett- und Eiweißstruktur viel besser vertragen. Ziegenmilch unterscheidet sich allerdings erheblich von Hundemilch, sie hat nur die Hälfte an Eiweiß, Fett, Calcium, Phosphor und Kalorien.

Tabelle 1.1 Vergleich der Inhaltsstoffe von Kuh-, Ziegen- und Hundemilch*

Produkt	Kuhmilch	Ziegenmilch	Hundemilch
Feuchtigkeit %	87,6	87	77,2
Trockensubstanz %	12,4	13	22,8
Rohprotein %	3,3	3,3	8,08
Rohfett %	3,8	4,5	9,76
Laktose %	4,7	4,6	3,5
Calcium %	0,12	0,13	0,28
Phosphor %	0,095	0,11	0,22
kcal/kg	650	710	1202
Ca:P-Verhältnis	1,26:1	1,18:1	1,27:1

Sie können nicht einfach die doppelte Menge an Ziegenmilch füttern. Wenn Sie diese Menge an Ziegenmilch überhaupt in den Welpen hineinbekommen, führt das bestenfalls zu Durchfällen wegen Überfütterung. Die Welpen sollten in den ersten Tagen alle zwei Stunden mit auf Körpertemperatur angewärmter Ersatzmilch gefüttert werden, nach 4-5 Tagen können Sie die Abstände zwischen den Fütterungen langsam vergrößern. Der Welpe sollte nicht überfüttert werden, denn auch das führt zu Durchfall. Die Futtermenge richtet sich nach dem Magenvolumen des Welpens. Wenn der Bauch etwas runder ist als der Brustkorb, hat der Welpe genug getrunken. **Wichtig:** Nachdem Sie den Welpen füttern, massieren sie den After und den Genitalbereich mit einem warmen, feuchten Tuch oder Wattebäuschchen. Sehr junge Welpen können ohne diese Massage weder Urin noch Kot absetzen und sterben, wenn Sie diese wichtige Aufgabe der Mutter nicht übernehmen.

Rezept für Hundemilch-Ersatz:
200 ml Ziegenmilch (unbehandelt)
20 Tr. Hanf- oder Leinsamenöl
10 Tr. Borretschöl
¼ TL Knochenmehl (Pulver)
¼ TL Honig (optional)
1 Eigelb (ab 3. Tag)
(bei Durchfall Ölmenge reduzieren)

Kleine Welpen im Wurf

Bei großen Würfen kommt es vor, dass ein oder zwei der Welpen etwas kleiner sind. Als Züchter hat man die Neigung, den Kleinen helfen zu wollen, z. B. indem man sie an den größten Zitzen anlegt, damit sie mehr Milch bekommen. Das ist allerdings keine gute Idee. Welpen haben in der Regel einen relativ festen Säugeplatz - die größeren, stärkeren Welpen trinken meist an den größeren, hinteren Zitzen, die Kleineren an den vorderen. Wenn Sie die Welpen tauschen, damit die Kleineren mehr Milch bekommen, versuchen die Größeren meist sofort wieder nach hinten zu kommen. Dadaurch entsteht viel Unruhe im Wurf und die Welpen verbrauchen mehr Energie, da sie ständig in Bewegung sind. Das Ergebnis ist, dass alle Welpen langsamer wachsen. Solche Versuche, sich in den Lauf der Natur einzumischen, bringen nie ein gutes Resultat. Solange kleinere Welpen täglich ausreichend zunehmen, besteht kein Grund zur Sorge, sie holen die anderen ein, sobald sie anfangen feste Nahrung zu sich zu nehmen. Ist ein Welpe dabei, der zu wenig zunimmt, können Sie ihn entweder an die Zitzen legen, wenn die anderen schlafen, oder kleine Mengen Ersatzmilch beifüttern. Achten sie darauf, dass Sie einen solchen Welpen in Ihrem Eifer ihn zum Wachsen zu bewegen nicht überfüttern, denn das führt nur zu Verdauungsstörungen.

* Baines - J. small Anim. Pract. (1981) 22,555-578

Ein paar abschließende Worte

Einige Züchter empfehlen, dass die Hündin samt Wurf in einem zentralen Raum im Haus gehalten wird. Ich bin der Meinung, dass die Hündin, vor allem in den ersten zwei Wochen nach der Geburt einen ruhigen, etwas abgedunkelten Raum zur Verfügung haben sollte, wo sie Ruhe hat und sich sicher fühlen kann. Die Welpen sehen und hören nichts, bis sie etwas älter sind, und bekommen auch im Nebenraum genug mit, so dass sie an den normalen Haushaltstrubel gewöhnt werden. Laufen sie erstmal selbstständig herum, gehen sie sowieso auf Entdeckungsreisen durch das ganze Haus, sofern man ihnen das erlaubt.

Es gibt Züchter, die 24 Stunden am Tag bei der Hündin sind. Obwohl das bei der Geburt sinnvoll ist, falls Hilfe geleistet werden muss, ist diese Art ständiger Begleitung oft ein unterschätzter Stressfaktor für die Hündin. Kein Muttertier hat es gerne, wenn sich andere permanent in der Nähe seiner Kinder aufhalten. Die meisten Tiere machen einen großen Bogen um eine Artgenossin mit ihren Neugeborenen. Sie sollten die Welpen täglich berühren und hochheben, z. B. beim Wiegen, ansonsten vertrauen Sie Ihrer Hündin und erlauben ihr, sich auch mal mit ihrer neuen Familie alleine zu beschäftigen. Auch wenn Sie ein inniges Verhältnis zu Ihrer Hündin haben, kann es Stress für die Hündin bedeuten, wenn ständig jemand in der Nähe ihrer Welpen ist. Der Mutterinstinkt ist einer der stärksten Instinkte überhaupt. Seien Sie nicht beleidigt, wenn Ihre Hündin Sie nicht immer dabei haben möchte, freuen Sie sich statt dessen über ihre Instinktsicherheit.

Eine Züchterin rief mich mal verzweifelt an, da ihre Hündin seit der Geburt weder fressen noch die Wurfkiste verlassen wollte. Auf meine Nachfrage ergab sich, dass ein Familienmitglied immer bei dem Wurf war, sie hatten sogar eine Campingliege im Wurfzimmer aufgebaut, damit die Hündin auch nachts „überwacht" werden konnte. Ich schlug vor, das Futter in den Raum zu stellen, die Tür zu schließen und mit der ganzen Familie ins Kino zu gehen oder zumindest ein bis zwei Stunden das Haus zu verlassen. Als die Familie nach Hause kam, war der Napf leer. Am nächsten Tag wurde die Campingliege entfernt, die Hündin wurde stundenweise mit ihren Welpen alleine gelassen und es gab keine weiteren Probleme mit dem Fressen.

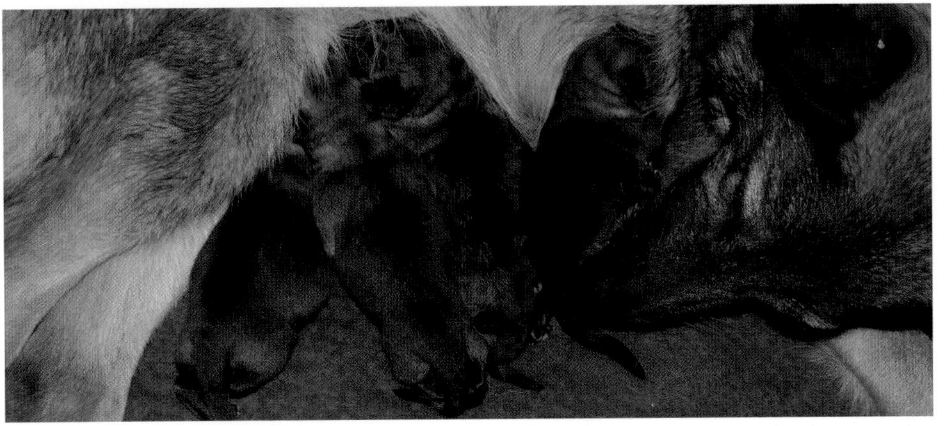

Orale Toleranz

von Anfang an richtig füttern um Allergien zu vermeiden

Der Begriff „orale Toleranz" beschreibt den Vorgang, bei dem der Magen-Darm-Trakt lernt die aufgenomme Nahrung als Nährstoffe zu erkennen, damit keine allergische Reaktion erfolgt. Dabei wird erstmal bei allen aufgenommenen Fremdstoffen unterschieden, ob sie potentiell gefährlich (Erreger) oder ungefährlich (Nährstoffe) sind. Durch verschiedene Lymphozyten, die Immunreaktionen unterdrücken, bekommt das Immunsystem mit Hilfe bestimmter Botenstoffe die Information, die gelösten Moleküle der aufgenommenen Nahrung nicht anzugreifen. Wegen der hohen Antigenspezifität der oralen Toleranz findet eine Abwehr gegen Krankheitserreger trotzdem statt.

Die orale Toleranz verhindert also, dass ein Welpe, der gerade beginnt fremde Nahrung zu sich zu nehmen, allergische Reaktionen gegen diese Fremdstoffe entwickelt und sorgt dafür, dass er dennoch gegen Erreger geschützt ist.

Die Forschung über orale Toleranz ist noch nicht weit fortgeschritten, deshalb sind nicht alle Vorgänge und Einflussfaktoren bekannt.

Futtermittelallergien haben in den letzten fünfzig Jahren enorm zugenommen. Vermutlich hat das auch damit zu tun, dass Welpen, die mit Fertigfutterprodukten entwöhnt werden, eher dazu neigen **keine** orale Toleranz zu bestimmten Nährstoffen zu entwickeln. Das hat verschiedene Gründe.

Es ist im höchsten Maße unnatürlich, dass ein Hundewelpe 20-50 verschiedene Nährstoffe auf einmal zu sich nimmt, wie es bei einem Fertigfutterprodukt üblich ist. Es dauert in der Regel einige Tage, bis sich eine orale Toleranz zu **einem** Nährstoff entwickelt. Um so mehr verschiedene neue Nährstoffe gleichzeitig im Verdauungssystem ankommen, umso wahrscheinlicher ist es, dass eine orale Toleranz **nicht** bei allen Nährstoffen erreicht wird. Zudem werden Welpen oft zu früh entwöhnt, und zwar in einem Alter, in dem sie noch nicht die Fähigkeit besitzen orale Toleranz zu entwickeln. Es wird vermutet, dass die orale Toleranz erst ab der sechsten Lebenswoche statt findet, aber bewiesen ist nicht in welchem Alter ein Welpe diese Fähigkeit erlangt. Ich glaube, sie findet bereits früher statt, denn ich fange immer Mitte der vierten bis Anfang der fünften Lebenswoche mit der Zufütterung an und habe bisher keine Probleme mit Futtermittelunverträglichkeiten oder -allergien in meiner Zucht erlebt.

Ein weiterer Grund liegt in der Verdaulichkeit der Nahrungsmittel. Hunde entwickeln am häufigsten Allergien auf Getreide bzw. das darin enthaltene Gluten. Getreide wird mitunter am schlechtesten verdaut! Doch gerade wenn zuviele unverdaute

Essenspartikel im Darm resorbiert werden, stehen die Chancen eine verstärkte Immunreaktion zu provozieren besonders hoch. Das führt dazu, dass die orale Toleranz entweder gar nicht erst statt findet oder wieder verloren geht. Hochverdauliche Lebensmittel wie Fleisch, Eier, Milch und auch Reis hinterlassen bei der Verdauung kaum intakte Essenspartikel, bis sie in den Darm gelangen, so dass eine orale Toleranz problemlos stattfinden kann.

Eine weitere Rolle spielen Futtermittelallergien, die die Mutterhündin hat. Antikörper gegen Futtermittel werden mit der Muttermilch an die Welpen weitergegeben und verhindern eine orale Toleranz gegenüber dem Futtermittel, auf das die Hündin allergisch reagiert. Bleiben die Antikörper dem Welpen erhalten, könnte auch er allergisch auf das Futtermittel reagieren.

Zuletzt können vor allem zu frühe Impfungen die orale Toleranz beeinflussen. In Impfungen sind oft noch Fremdeiweiße vorhanden, gegen die der Organismus Antikörper bilden kann, was zum Verlust oder der Verhinderung der oralen Toleranz führen kann.

Die orale Toleranz sollte bei der Entwöhnung berücksichtigt werden.

Das heißt im Klartext:

So spät wie möglich mit der Entwöhnung anfangen
Nur wenige neue Lebensmittel in einer Mahlzeit füttern
Hochverdauliche Lebensmittel füttern (BARF)
Lebensmittel, auf die die Mutter allergisch reagiert, nicht dem Welpen verfüttern
So spät wie möglich und so wenig wie nötig impfen

Ernährung und Aufzucht von Welpen

Die Aufzucht von Welpen beinhaltet nicht nur die Fütterung. Welpen haben viele Bedürfnisse. Sie brauchen Sonne, frische Luft, Bewegung, Umweltreize, Erziehung und Kontakt zu Menschen und zu Artgenossen. Auch dies trägt zu ihrer Gesundheit und Entwicklung bei und sollte genauso beachtet werden wie die Ernährung. Das Fell eines Welpen ist an Außentemperaturen angepasst und außer bei Extremtemperaturen sollten die Welpen möglichst viel Zeit draußen verbringen, sobald sie anfangen Interesse an der Welt außerhalb ihrer Wurfkiste zu zeigen. Sonnenlicht ist wichtig für die Vitamin D-Synthese, Vitamin D wiederum ist wichtig für das Knochenwachstum.

Eine gesunde, natürlich ernährte Hündin dürfte überhaupt keine Probleme mit der Laktation haben und sollte ihre Welpen so lange stillen dürfen, wie sie es freiwillig tut. Als Faustregel gilt: Ein Säugetier sollte etwa den gleich langen Zeitraum stillen, wie es die Ungeborenen trägt; das heißt bei Hunden bis zu neun Wochen. Die Muttermilch ist immer noch die beste Nahrung für Welpen und wichtig für die Entwicklung eines gesunden Immunsystems und einer gesunden Darmflora.

Die 1. bis 3. Woche

Die Welpen sollten mindestens bis Ende der dritten Lebenswoche vollständig von der Mutter ernährt werden. Allerfrühestens in der vierten Woche kann man mit der Zufütterung beginnen. Den richtigen Zeitpunkt erkennt man daran, dass die Welpen zunehmendes Interesse am Futter ihrer Mutter zeigen. Ich versuche mich nach dem Wurf und der Hündin zu richten; zeigen die Welpen Interesse am Futter der Mutter oder fangen an, ganz eifrig an ihren Lefzen zu lecken, wenn sie von ihrem Napf zurück kommt, biete ich den Welpen erstmals einen großen Brocken Fleisch an, von dem sie sich Stücke abreißen können.

Der Fleischbrocken sollte groß genug sein, dass alle Welpen auf einmal dran kommen können. Das Füttern von solch großen Fleischstücken hat mehrere Vorteile. Erstens fressen die Welpen langsamer, da sie sich sehr anstrengen müssen um Fleischstückchen abzureißen. Zweitens ist das Fressen im Wurf ein wichtiges Sozialverhalten, dabei lernen die Welpen nebeneinander zu fressen ohne unangemessene Aggression zu zeigen. Drittens überfressen sich die Welpen bei dieser Art Fütterung nicht so schnell und zuletzt sind sie lange beschäftigt mit einem großen Stück Fleisch.

Die 4. bis 6. Woche - Entwöhnung

In der ersten Woche (ab der 4.-5. Lebenswoche) der Entwöhnung trinken die Welpen noch regelmäßig bei ihrer Mutter, deshalb reicht es, zwei bis drei mal am Tag **kleine Mengen** beizufüttern. Neben der Fleischbrockenfütterung biete ich Welpen zwei verschiedene Nahrungszusammenstellungen an. Die erste ist ein Brei aus frischer, unbehandelter Ziegenmilch, angedickt mit etwas Slippery Elm Baumrindenmehl und ein paar Tropfen Fisch- oder Hanföl und Borretschöl, dazu ab und zu etwas Honig. Die zweite Nahrungszusammenstellung bekommen sie ab der zweiten Entwöhnungswoche und ist eine Mischung aus zwei Teilen Pansen oder Hühnerfleisch und einem Teil Hühnerhälse, die ich von einem Fleischlieferanten herstellen lasse. Dieser gewolften Fleischmischung füge ich nach und nach diverse Gemüse- und Obstsorten zu.

Die Welpen bekommen also in der ersten Woche morgens Milchbrei und Nachmittags und eventuell abends Fleisch (am Stück). Wenn Sie keine großen Fleischbrocken bekommen können, füttern Sie statt dessen gewolftes Fleisch. Am Anfang sollten nur wenig Innereien gefüttert werden. Das Fleisch darf mit etwas Fett durchwachsen aber nicht sehnig sein. Wenn Sie Welpen beim Fressen an großen Fleischbrocken zuschauen, werden Sie beobachten, dass die Welpen am liebsten das Fett abreißen. Früher habe ich empfohlen mageres Fleisch zu füttern, aber nach jahrelanger Beobachtung, dass die Welpen zumindest am Anfang der Entwöhnung recht viel Fett wollen, habe ich meine Empfehlung den Bedürfnissen der Welpen angepasst. Sie können jede Sorte Fleisch füttern, sollten aber höchstens zwei verschiedene Fleischsorten bzw. Tierarten in einer Mahlzeit mischen. Bei Welpen, die aus Blutlinien kommen, in denen viele Futtermittelallergien auftreten, sollten Sie nur eine Fleischsorte benutzen und erst nach ein paar Tagen die Fleischsorte wechseln.

In der zweiten Entwöhnungswoche werden die Welpen drei- bis viermal mal täglich gefüttert. Die Mengen sollten zunächst noch relativ klein bleiben, etwa die Hälfte, die der Welpe bräuchte, wenn er keine andere Nahrung bekäme. Im Laufe dieser Woche wird die Menge nach und nach um etwa 50 % erhöht, so dass der Welpe etwa drei viertel einer vollen Ration bekommt. Diese Menganangaben setzen voraus, dass die Mutter die Welpen noch stillt.

Die Welpen sollten nur so viel zu fressen bekommen, dass sie keinen sichtbar runden Bauch nach dem Essen haben und noch etwas hungrig sind. Es ist wichtig, dass sie weiterhin saugen und nicht zu schnell wachsen oder sehr dick gehalten werden. Auch sollten sie nach dem Essen nicht müde sein, ein richtig gefütterter Welpe ist nach der Mahlzeit verspielt und munter. Legen sich die Welpen nach dem Fressen sofort zum Schlafen hin, haben sie zu viel gefressen. Das Werbebild von den dicken, runden Welpen ist NICHT das Bild vom gesunden Hund!

Jetzt wird der Brei weiter verdickt mit gemahlenen Vollkorn-Gersten- oder -Haferflocken und evtl. etwas Kleie. Dieses Getreidemehl (ca. 1 gehäufter TL für 1 Labrador-Welpen) kochen oder über Nacht in kaltes Wasser einweichen. Die Milch im Wasserbad auf Zimmertemperatur erwärmen und mit dem Öl zu dem eingeweichten bzw. gekochten Getreide geben. In den ersten Tagen ziemlich flüssig zubereiten, danach alle paar Tage weiter verdicken. Diese Mahlzeit ein- bis zweimal täglich füttern, solange die Welpen noch gut bei der Mutter trinken. Alternativ kann man gekochte Hirse oder Reis füttern.

Sollte es nicht möglich sein, frische Ziegenmilch zu bekommen, kann man auch Naturjoghurt, Buttermilch, Hüttenkäse (körniger Frischkäse) oder sogar Kuhmilch nehmen, diese sollte jedoch frisch und unbehandelt sein. Pasteurisierte und hocherhitzte Milch (H-Milch) ist ein totes Nahrungsmittel, dass kaum noch die guten Eigenschaften frischer Rohmilch enthält und somit keinen Beitrag zur Gesundheit leistet. Auch die Körner oder Flocken, die man füttert, sollten möglichst aus biologischem Anbau oder zumindest Vollkorn-Produkte sein, die für den Humanverzehr zugelassen sind.

Ideal zum Andicken der Milch ist auch das „Natural Rearing Gruel“ von Juliette de Bairacli Levy, bestehend aus Slippery Elm Rindenmehl, Gerstenmehl, Maismehl, Pfeilwurzel, Eibisch, Dillsamen und Weizenkleie.

Die Fleischmahlzeiten und die Milch-Getreide-Mahlzeiten sollte man trennen, also ab der zweiten Entwöhnungswoche morgens und vormittags Brei, nachmittags und abends Fleisch. Die Fleischmahlzeiten bestehen nach wie vor aus Fleischbrockenfütterung oder gewolftem Fleisch. Gegen Ende der zweiten Woche können Sie langsam andere Zutaten hinzufügen, z.B. Möhren, Äpfel, Kräuter, Öle und auch mal Knochen zum Fressen oder Nagen geben. Meine Schäferhundwelpen fressen mit sechs Wochen schon problemlos Hühnerflügel und -hälse. Bei der Nahrungszusammensetzung darauf achten, dass nicht zuviele neue Zutaten in einer Mahlzeit vorkommen (siehe orale Toleranz S. 22).

Die 7. und 8. Woche

In diesem Alter trinken die Welpen nicht mehr viel bei ihrer Mutter und so sollte die Ration im Laufe der Woche langsam auf 100 % einer vollen Ration erhöht werden.
Bis zur 8. Woche sind die Welpen vollständig entwöhnt und trinken nur noch sporadisch bei der Mutter, sofern sie es noch zulässt.

In der 7. Woche kann man auch anfangen püriertes Gemüse und Obst unter das gewolfte Fleisch zu mischen; etwa 10-20 % der Mahlzeit sollte aus Gemüse/Obst bestehen. Anfangs wird der Gemüse/Obstbrei aus höchstens vier verschiedenen Gemüse- und Obstsorten zubereitet. Auch ganze Eier mit Schale können jetzt gefüttert werden.

Da die Welpen in diesem Alter kaum noch saugen, müssen Sie jetzt genügend rohe, fleischige Knochen füttern um den Calciumbedarf der Welpen zu decken. Dabei ist darauf zu achten, dass die Knochen entweder so groß sind, dass ein Welpe sie unmöglich auf einmal verschlucken könnte oder klein gemahlen, so dass die Welpen sie problemlos essen können. Hierzu eignen sich besonders Hühnerflügel und -hälse und Kalbsbrustbein.

Knochen nur roh füttern, gekocht sind sie lebensgefährlich!

Es kann sehr erschreckend sein, wenn ein 5-kg-Welpe einen Hühnerflügel auf einmal hinunterschluckt. Dabei kommt es vor, dass der Flügel im Hals stecken bleibt, der Welpe ihn nochmal hochwürgt, um ihn dann zu kauen und erneut zu verschlucken. Oft rennt der Besitzer schnell hin, wenn der Welpe am Würgen ist, um ihm zu helfen. Der Welpe jedoch sieht den Menschen kommen und um seinen Knochen zu schützen, versucht er ihn schnell zu schlucken statt ihn nochmals hochzuwürgen. Das kann gefährlich werden und zum Ersticken führen. Deshalb rate ich Züchtern keine Knochen in dieser Größe zu füttern, außer sie sind sehr sicher, dass die Welpen damit umgehen können. Es ist völlig ausreichend, gewolfte Knochen zu füttern und zum Kauvergnügen große Knochen zur Verfügung zu stellen.

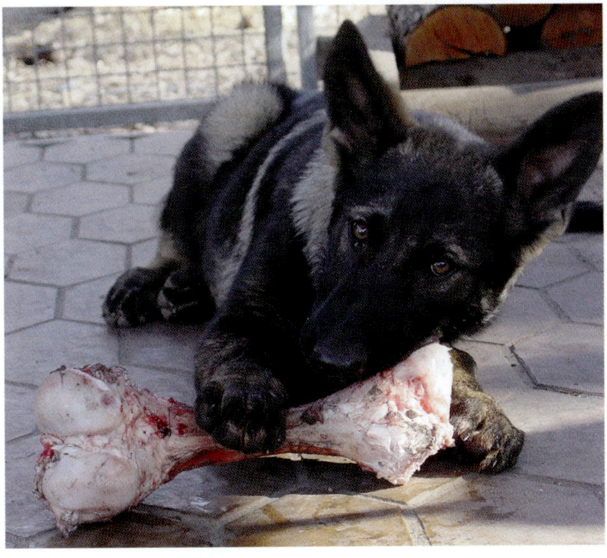

Durch das Nagen an Knochen lernen die Welpen richtiges Essverhalten, pflegen ihr Zahnfleisch und haben eine gute Beschäftigung.

Ernährung des Welpen im neuen Zuhause

Meistens gehen die Welpen in der 8.-9. Lebenswoche zu ihrem neuen Besitzer. Wenn Sie als Welpenkäufer Glück haben, sind die Welpen bereits mit artgerechtem Futter aufgezogen worden und Sie können problemlos weitermachen. Es ist immer besser, wenn der Züchter Ihnen seinen Ernährungsplan für die Welpen mitgibt, denn er kennt seine Welpen noch am besten und so bekommt der Welpe keine Umstellungsprobleme.

Sollte der Welpe jedoch mit Fertigfutter aufgezogen worden sein, und Sie möchten ihn auf BARF umstellen, ist das in der Regel kein Problem, denn die Verdauung des Kleinen stellt sich in diesem Alter schnell auf die neue Nahrung um. Es kann sein, dass der Welpe durch den Trennungsstress erst mal wenig Appetit hat, so bietet es sich an, ihn mal einen halben Tag fasten zu lassen und dann direkt mit Frischfutter weiter zu ernähren. Bei Welpen in diesem Alter ist es völlig unproblematisch sie übergangslos umzustellen, also brauchen sie auch keinen Sack Fertigfutter vom Züchter mitzunehmen.

Der Welpe sollte nun 3-4 Mahlzeiten am Tag bekommen, davon eine Mahlzeit mit Milchprodukten, Getreide und Baumrindenmischung, eine bis zwei mit Fleisch, Innereien und Gemüse und eine mit fleischigen Knochen. Möchten Sie getreidefrei füttern, sollte der Gemüse-und Fleisch- sowie der Knochenanteil entsprechend erhöht werden.

Der Gedanke, dass ein Welpe besondere Nahrung braucht, ist ein von der Tierfutterindustrie erfundener einzigartiger Gedanke. Nirgendwo in der Natur fressen Tiere, die nicht mehr gesäugt werden, ein anderes Futter als die Erwachsenen ihrer Spezies. Im Prinzip füttern Sie Ihren Welpen nicht anders als einen erwachsenen Hund, nur öfter und im Verhältnis zum Körpergewicht viel mehr. Sie werden feststellen, dass rohernährte Welpen oft langsamer und gleichmäßiger wachsen und meistens ohne die heutzutage „üblichen“ Wachstumsprobleme wie Panostitis.

An Mengen benötigt der Welpe in dieser Wachstumsphase 4-6 % seines Körpergewichts an Futter pro Tag; bei sehr aktiven Welpen oder bei viel Knochenfütterung sogar etwas mehr. Sie können im Prinzip einen Ernährungsplan für erwachsene Hunde einsetzen mit folgenden Abweichungen:

Den Welpenbrei noch bis zur 16. Woche füttern
Knochen-Anteil sollte etwas höher sein
Weichere oder gewolfte Knochen füttern
Ab dem 6. Monat einen halben Fasttag
Erst ab dem 10. Monat einen ganzen Fasttag

Rezept Welpenbrei:
Frische, unbehandelte Ziegenmilch, andicken mit etwas Slippery Elm Baumrindenmehl, ein paar Tropfen Fisch- oder Hanföl und Borretschöl, ein Ei und Joghurt, Quark oder Hüttenkäse.

Eine ausführliche Anleitung zur Mengenberechnung und Futterzusammenstellung finden Sie ab Seite 40.

Ernährung im Zahnwechsel: 16. - 26. Woche

Der Welpe hat 28 Milchzähne, die im Alter von etwa drei Wochen erstmalig durchbrechen. Im Alter von etwa sechzehn Wochen beginnt der Zahnwechsel, der in der Regel mit sieben Monaten abgeschlossen ist.

Die meisten Hunde haben 42 Zähne:

12 Schneidezähne
4 Eckzähne
16 Prämolare
10 Molare

Die Zahnverteilung ist gleich in Ober- und Unterkiefer mit Ausnahme der Molare, im Oberkiefer hat der Hund 4 und im Unterkiefer 6 Molare.

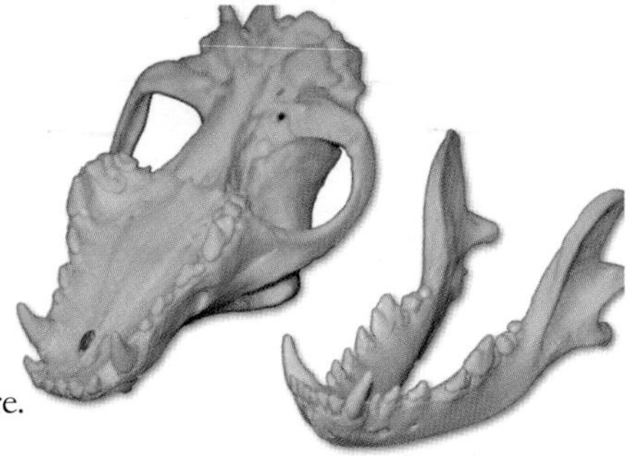

An der Ernährung ändert sich während der Zahnung nicht viel für den Welpen, trotzdem möchte ich einige Sorgen der Welpenbesitzer kurz ansprechen.

Eine der größten Sorgen von Welpenbesitzern, die ihren Welpen mit BARF aufziehen, ist die Calciumversorgung. Diese Sorge erreicht ihren Höhepunkt, wenn die Welpen im Zahnwechsel sind, da viele der Meinung sind, der Welpe bräuchte jetzt besonders viel Calcium, damit die Zähne sich gut entwickeln. Für die Zahnentwicklung sind mehrere Nährstoffe von besonderer Bedeutung: Calcium, Phosphor, Fluorid und die Vitamine A, C und D spielen alle eine wichtige Rolle. Eine gesunde, abwechslungsreiche Ernährung mit frischen Lebensmitteln (BARF), die über einen Zeitraum von einigen Wochen ausgewogen ist, liefert alle diese Nährstoffe und sichert ein gesundes Zahnwachstum.

Das Calcium in frischen Knochen hat eine hohe Bioverfügbarkeit und bei einem Anteil von 10 - 15 % der Gesamtration an fleischigen Knochen ist der Calciumbedarf des Welpen in jeder Wachstumsphase sicher gedeckt.

Auch der Wachstum von jungen Tieren ist von der Natur perfekt geregelt. Man darf nicht vergessen, dass ein Welpe je nach Wachstumsstärke im Verhältnis zum Körpergewicht entsprechend viel frisst. Wenn ein Welpe z. B. im stärkstem Wachstum die doppelte Menge (im Verhältnis zum Körpergewicht) an Futter bekommt, steht ihm die doppelte Menge an ALLEN Nährstoffen zur Verfügung - auch Calcium. Es ist unnötig den Bedarf an Nährstoffen in jeder Wachstumsphase auszurechenen, denn im stärksten Wachstum frisst der Welpe am meisten und bekommt demnach den höchsten Gehalt an Nährstoffen.

Das NRC (National Research Council) empfiehlt für Welpen eine tägliche Calciummenge (mindestbedarf) von 115-133 mg/kg Körpergewicht. Das ergibt für einen 10-kg-Welpen einen mittleren Wert von etwa 1200 mg Ca/Tag. Dieser Calciumbedarf wäre bereits bei der Fütterung von 112 g Hühnerflügel, 80 g Hühnerhälse oder 41 g Rinderbrustbein gedeckt. Da die meisten BARF-Futterpläne wesentlich mehr RFK (rohe fleischige Knochen) beinhalten, ist die Sorge um die Calciumversorgung unbegründet. Darüber hinaus enthält das restliche Futter auch Calcium - das wird häufig in Berechnungen vergessen.

Im Zahnwechsel kann es vorkommen, dass der Welpe leichtes Fieber, geschwollenes Zahnfleisch oder etwas Durchfall bekommt. Dies sind ganz normale Zahnungserscheinungen und nicht weiter besorgniserregend. Oft hilft eine homöopathische Gabe von Chamomilla D4 das Fieber zu senken und den Durchfall zu lindern. Etwas Reis oder Heilerde unter das Futter lindert auch den Durchfall.

Tipp: Legen Sie einen großen Gelenksknochen 2-3 Stunden in die Kühltruhe und geben ihn dann dem zahnenden Welpen. Die Kälte hilft bei geschwollenem Zahnfleisch.

Welpen möchten im Zahnwechsel gerne kauen und das sollte ihnen ermöglicht werden. Am besten eignen sich hierzu große Gelenksknochen. Das Kauen beschäftigt sie nicht nur, sondern hilft die Milchzähne zu lösen und hält das Zahnfleisch gesund. Das bißchen extra Calcium schadet den Welpen nicht.

Nicht empfehlenswert sind Markknochen. Markknochen sind durchgesägte Beinknochen und extrem hart. Das Kauen darauf kann zu Zahnabbrüchen führen. Des Weiteren haben Markknochen oft eine Größe, die einen größeren Welpen animieren sie zu schlucken. Das kann sehr gefährlich werden, denn diese extrem harten Knochen sind unverdaulich für den Hund. Bei sehr kleinen Hunden habe ich erlebt, dass der Markknochen über den Unterkiefer gestülpt wurde und nicht ohne tierärztliche Hilfe (Narkose, Knochen absägen) zu entfernen war. Aus diesem Grund rate ich generell von der Fütterung von Markknochen ab.

Ernährung vom 6. - 12. Monat

Gegen Ende der Zahnung lässt das schnelle Wachstum beim Welpen deutlich nach. Kleinrassige Hunde sind in diesem Alter praktisch ausgewachsen, und auch großrassige Hunde haben mindestens 75 % ihrer Endhöhe erreicht. Entsprechend muss die Futtermenge, je nach Größe, Rasse, Aktivität usw. ab dem 7. Monat auf zwischen 2-4 % des Körpergewichts an Futter pro Tag reduziert werden. Oft werden die Junghunde nach der Zahnung etwas „pummelig", da man sich noch nicht auf die neuen Nahrungsbedürfnisse des Hundes eingestellt hat. Wenn der Junghund mal ein Kilo zuviel hat, sollten Sie dafür sorgen, dass er wieder schlank wird, aber langsam. Dazu berechnen Sie den neuen Futterbedarf und ziehen max. 10% ab. Mit dieser Menge wird der Hund wieder auf sein Idealgewicht kommen, ohne einen Nährstoffmangel zu erleiden.

Bei jungen Hündinnen kann es hilfreich sein, eine Zeitlang Himbeerblatt zu füttern, das hilft ihnen die erste Läufigkeit besser zu überstehen. Rüden haben in diesem Flegelalter oft einen etwas höheren Futterbedarf, denn sie sind in der Pubertät viel Stress ausgesetzt. Plötzlich werden läufige Hündinnen interessant, die Altrüden behandeln sie jetzt als potentielle Konkurrenten, und in all dem Trubel müssen sie erstmal ihren Platz finden. Das bedarf vieler Kraft.

Die Häufigkeit der Mahlzeiten wird jetzt auf zwei Mahlzeiten am Tag reduziert, und mit ihren neuen Zähnen können die Junghunde durchaus alle Knochen bekommen, die bei der BARF-Ernährung gefüttert werden. Ein Fasttag sollte jetzt auch eingeführt werden.
Sehr dünne Hunde sollten noch drei Mal am Tag Futter bekommen.

Nahrungsergänzung bei Welpen

Nach der Umstellung auf BARF könnte man annehmen, dass eine Ergänzung des Futters überflüssig ist, aber einige Punkte sind doch zu bedenken. Da wir nicht ganze Tierkörper verfüttern, fehlt doch noch das eine oder andere. Z. B. bekommen Hunde bei der Rohfütterung in der Regel wenig Blut und Gedärme und kein Hirn, Augen, Fell, Horn usw.

Gerade diese Teile liefern aber wertvolle Vitamine, Mineralien, Fette und Faserstoffe, die nicht vollständig mit Fleisch, Gemüse, Obst und Getreide ersetzt werden können.

Dazu kommt, dass wir fast ausschließlich das Fleisch von domestizierten Tieren verfüttern. Solche Tiere kommen oft aus Mastbetrieben, wo sie gar keinen Zugang zu Weiden haben oder sie stehen auf Weiden, die kaum noch eine Pflanzen- und Gräservielfalt oder Laub bieten. Geflügel kommt oft aus Käfighaltung, wo die Lebensbedingungen extrem stressig und unhygienisch und die Nahrung minderwertiges, industriell verarbeitetes Futter ist. Diese Faktoren wirken sich unmittelbar auf die Fleischqualität aus. Die Phytonährstoffe, Spurenelemente, sekundären Pflanzenstoffe und essentiellen Fettsäuren, die unseren Masttieren in ihrer Nahrung fehlen, fehlen folglich auch in ihrem Fleisch. Doch gerade diese Nährstoffe spielen eine wichtige Rolle in dem Stoffwechsel, der Immunabwehr, der Fortpflanzungsfähigkeit und dem Wachstum unserer Hunde.

Wenn man dann noch das Gemüse, Getreide und Obst betrachtet, das heute in den Geschäften angeboten wird, entsteht ein eher düsteres Bild. Von genmanipuliertem Gemüse und Getreide bis hin zu bestrahlten und mit Schadstoffen belasteten Lebensmitteln ist heute alles geboten. Vieles an Obst und Gemüse wird unreif geerntet, so dass es lange Transportwege übersteht, was dazu führt, dass diese Lebensmittel verhältnismäßig nährstoffarm sind. Getreide wird nach Ertragswert gezüchtet und nicht nach Nährwert. Überall sind Pestizide, Umweltgifte und Schwermetallbelastungen zu finden.

Zoopharmakognosie

Wilde Tiere fressen gelegentlich auch Erde, Kot und Wildpflanzen usw. um ihre Nahrungsdefizite auszugleichen oder sich selbst bei Krankheit zu behandeln. Diese Praxis nennt man Zoopharmakognosie. Naturforscher haben häufig beobachtet, dass kranke Tiere Giftpflanzen oder bittere Pflanzen fressen, wenn sie z. B. Würmer haben. Andere fressen Ton bei Durchfällen. Cindy Engel hat ein faszinierendes Buch dazu geschrieben mit dem Titel *Wild Health*. Darin gibt sie viele Beispiele der Zoopharmakognosie.

In meinen langen Jahren der Tierhaltung habe ich ein solches Verhalten oft beobachten dürfen. Ein Hund fraß Wermut in großen Mengen, als er verwurmt war. Man konnte ihm ansehen, dass es ihm überhaupt nicht schmeckte, aber er fraß es trotzdem und befreite sich so von seinen Parasiten. Meine Hündin Blue, die in ihrer Jugend eine Gelenksverletzung erlitten hat, frisst heute noch regelmäßig Beinwellblätter im Garten. Andere Hunde fressen zeitweise intensiv den Kot von Pflanzenfressern um ihre Nahrungsdefizite auszugleichen. Ich hatte mal eine junge Hündin, die eines Tages zu dem Grillplatz im Garten rannte und ganz versessen die Holzkohle fraß. Ich wußte in dem Moment, dass diese Hündin krank wird und begann sie sofort zu fasten. Zwei Tage später hatte sie Parvovirose. Glücklicherweise waren Magen und Darm vollkommen leer, so dass die Erkrankung glimpflich verlief. Diese Hündin war übrigens gegen Parvovirose geimpft, als einziger meiner Hunde, und sie war auch der einzige von meinen Hunden, der je an Parvo erkrankte.

Diese Beispiele zeigen deutlich, dass auch unsere Haushunde versuchen sich selbst zu helfen, wenn sie die Möglichkeit dazu bekommen. Wenn Hunde Zugang zu Wild- und Heilkräutern haben, nutzen sie oft die Gelegenheit. Meistens möchte jedoch der Hundebesitzer nicht, dass der Hund Kot von Pflanzenfressern frisst und der ständige Zugang zu wilden Heilkräutern ist vielen Hunden verwehrt.

Aus diesen Gründen macht es durchaus Sinn, das Hundemenü mit einigen Zutaten zu ergänzen, um die beschriebenen Defizite in den heutigen Lebensmitteln etwas zu beheben und mit Hilfe von Naturmitteln den Hund gesund zu halten. Gerade Heilpflanzen und Gartenkräuter bieten hier eine gute Lösung. Die meisten Kräuter sind reich an sekundären Pflanzenstoffen, Spurenelementen, Vitaminen und Mineralien. Sie wirken auf verschiedene Organsysteme und helfen dem Körper bei der Verdauung, der Immunabwehr, der Gesunderhaltung auf zellulärer Ebene und bei der Krankheitsvorbeugung, beispielsweise bei Krebs.

Als Hundebesitzer sind Sie täglich im Grünen um den Hund zu bewegen, so dass Sie mit ein bißchen Heilpflanzenwissen bereits wertvolle Ergänzungsmittel aus der Natur mitnehmen können. Am Hof Drei Hunde Nacht biete ich Kurse, in denen Sie lernen können Wildkräuter zu erkennen, zu ernten, zuzubereiten und einzusetzen. Sie können zudem mit wenig Platz im Garten oder sogar auf dem Balkon einige Futterkräuter selbst ziehen.

Oft sind Hundebesitzer aus mangelnder Kenntnis von Kräutern und wegen teilweise haarsträubender Warnungen in Büchern über den Einsatz von Kräutern in der Nahrung verunsichert. Kräuter gehören zur normalen Nahrung dazu - in der menschlichen sowie in der tierischen Nahrung. Bekommt der Welpe von Anfang an Kräuter ins Futter, wird er weniger häufig an Parasitenbefall, Durchfällen und Mangelerscheinungen leiden und durch die immunstärkende Wirkung vieler Heilpflanzen auch weniger anfällig für ansteckende Erkrankungen sein. Alle Wildtiere bedienen sich der Apotheke der Natur und so sollten auch Sie Kräuter in den Speiseplan Ihres Hundes einbauen. 80 % der Weltbevölkerung ist noch heute nur auf Heilpflanzen zur medizinischen Versorgung angewiesen! Mit ein bißchen Wissen können Sie schon viel erreichen. Heilkräuter mit stark medizinischer Wirkung sollten Sie nicht ohne Anleitung eines Phytotherapeuten anwenden, aber es gibt sehr viele Kräuter, die sich für eine tägliche Nahrungsbeilage eignen. Zum Beispiel eignen sich Brennessel, Dill, Borretsch, Gänseblümchenblätter, Gräser, Klee, Brunnenkresse, Löwenzahn, Malven, Petersilie, Schafgarbe, Spitzwegerich, Vogelmiere, Giersch, Hagebutten, Wegerich, Minze, Große Klette, Alfalfa und Brombeerblätter zur normalen Fütterung. Auch hier gilt abwechslungsreich, am besten nach Saison und in kleinen Mengen.

Kräuter sammelt man grundsätzlich dann, wenn der Teil der Pflanze, den man einsetzen möchte, am stärksten ist. Blüten sammelt man zum Beispiel am besten, wenn es sonnig ist und die Blüte in ihrer vollen Pracht erscheint. Blätter sammelt man, bevor die Blüten austreiben, da dann die Kraft der Pflanze noch in den Blättern steckt. Ausnahmen sind Kräuter, bei denen man die gesamten oberirdischen Teile benutzt. Wurzeln erntet man entweder im Spätherbst, Frühwinter oder im Frühjahr, bevor die Planze neu austreibt. Die beste Zeit für Wurzeln ist dann, wenn es bereits ein- oder zweimal Frost gegeben hat, denn dann steckt die Kraft der Pflanzen am stärksten in den Wurzeln, da die oberirdischen Teile abgestorben sind. Man kann die gesammelten Kräuter trocknen, so dass man für den Winter einen Vorrat hat. Hochwertige, fertige Kräutermischung bekommen Sie bei DHN Naturprodukte unter www.barfshop.de.

FAQ - häufig gestellte Fragen zu Nahrungsergänzungsmitteln

Es wird oft zuviel an Nahrungsergänzungsmitteln beigefüttert, was im schlimmsten Fall zu einer Überversorgung mit bestimmten Vitaminen oder Mineralien führt und bestenfalls eine Geldverschwendung ist. Es gibt eigentlich wenige Nahrungsergänzungsmittel, die ich für notwendig halte: Vitamin C und Vitamin E (Antioxidantien) in einer natürlichen Form (z. B. Hagebutten) wegen der erhöhten Umweltverschmutzung und Stress; Meeresalgen wegen der Spurenelemente, vor allem Jod; und essentielle Fettsäuren auch wegen Umweltbelastungen und Stress. Kräuter gehören für mich zur normalen Ernährung dazu und sollten in kleinen Mengen, am besten im natürlichen Rhythmus beigefüttert werden. Kräuter sind wichtige Lieferanten von Vitaminen, Mineralien und sekundären Pflanzenstoffen. Im Idealfall lernen Sie die einheimischen Kräuter zu bestimmen und sammeln frische Wildkräuer für Ihren Hund bei den täglichen gemeinsamen Spaziergängen.

Woher weiß ich, welche Nahrungsergänzungsmittel zu füttern sind?

Dazu müssen Sie ihren Hund genau beobachten, um festzustellen, ob irgendwas im Futterplan fehlt. Eine regelmäßige Kontrolle beim Tierarzt mit Blutbild ist eine gute Möglichkeit, die Ausgewogenheit der Ernährung zu bestimmen. Ist hier eine Mangelerscheinung zu sehen, kann das durch gezielte Nahrungsergänzung korrigiert werden. Auch ist wichtig, dass Sie die Lebenssituation Ihres Hundes gut einschätzen; ein Hund, der Sport treibt oder viel Stress ausgesetzt ist (Zwingerhaltung mit vielen Tieren, Großstadt), hat einen erhöhten Vitamin- und Energiebedarf; junge, trächtige oder kranke Tiere bedürfen teils mehr, teils besonderer Nahrungsmittel und/oder bestimmter Nahrungsergänzungsmittel.

Wasserlösliche Vitamine werden bei Überschuss vom Körper ausgeschieden (Vitamin C und B-Vitamine) und können nur schwer überdosiert werden.

Fettlösliche Vitamine (Eselsbrücke: EDeKA = Vitamin E, D, K, A) werden im Körper gespeichert. Überdosierungen können genauso wie Mängel der Gesundheit schaden. Es gibt inzwischen einige deutsche Bücher, in denen der Bedarf des Hundes an Vitaminen und Mineralien gut erläutert wird. Ein Tierheilpraktiker oder Ihr Tierarzt kann hier auch behilflich sein. Achten Sie auch drauf, dass in Nahrungsergänzungsmitteln kein Zucker, Nebenprodukte und Konservierungsstoffe enthalten sind.

Wofür sind Meeresalgen gut?

Meeresalgen sind sehr reich an Mineralien, Spurenelementen, Vitaminen und Proteinen. Sie enthalten durchschnittlich zehnmal mehr Mineralien als frisches Gemüse, sind sehr reich an den Spurenelementen Jod, Kupfer und Zink - wichtig für Schilddrüsenfunktion, Haut, Fell, Wachstum - und enthalten alle wichtigen Aminosäuren. Meeresalgen sind außerdem eine gute Calciumquelle. Die bekanntesten Algen sind: *Spirulina* - eine Blaugrünalge, in der alle lebensnotwendigen Aminosäuren vorkommen, mit sehr hohem Gehalt an ß-Karotin, B 1, B 12, Eisen und Chlorophyll. *Blasentang* und *Ascophyllum nodosum* - Braunalgen, die besonders jod- und mineralreich sind. Algen werden eingesetzt bei Darmproblemen, Durchblutungsstörungen, Jodmangel, Arthrosen, Hautproblemen, als Mineralienlieferant und als Nahrungsergänzung zur Gesundheitsvorsorge.

Wofür ist Neuseeland Grünlipp Muschelextrakt gut?

Die grünlippige neuseeländische Meeresmuschel (Perna canaliculus) enthält neben Mineralstoffen, Spurenelementen und wertvollen Aminosäuren einen ungewöhnlich hohen Anteil an GAGs (Glycosaminglykane), die die Regeneration und den Aufbau von Knorpel und Bindegewebe fördern. Dieses Muschelmehl ist sehr hilfreich bei allen arthritischen Beschwerden und wirkt am besten, wenn die Zufuhr von Vitamin C und Vitamin E sowie von hochwertigen Fettsäuren gleichzeitig erhöht wird. Auch hierbei ist auf Qualität zu achten! Bei großrassigen Welpen hilft Muschelextrakt die Gelenksschmiere aufzubauen und zu erhalten, deshalb ist eine Ergänzung mit Muschelextrakt sinnvoll bei Rassen, die zu Gelenkserkrankungen neigen.

Braucht der Hund unbedingt zusätzliches Viamin C?

Laut wissenschaftlicher Meinung produziert der Körper des Hundes ausreichend Vitamin C, aber ich glaube, heutzutage ist der Hund mehr Stress und Umweltgiften ausgesetzt als seine wilden Brüder. Deshalb halte ich eine Ergänzung mit Vitamin C bei bestimmten Erkrankungen für sinnvoll. Hierzu kann man Ascorbinsäure füttern, die billig ist, aber manchmal den Magen reizt. Weitere Möglichkeiten sind Calciumascorbat (magenschonender) oder Hagebutten (natürlich). Bei Hagebutten ist der Nachteil, dass man sehr große Mengen benötigt, wenn man z. B. 500–1000 mg Vitamin C/Tag füttern möchte.

Vitamin C stärkt das Immunsystem, hilft bei arthritischen Beschwerden und ist notwendig für den Knorpel- und Knochenaufbau. In einer Studie mit 8 Verpaarungen von Hunden, die mit HD vorbelastet waren, hat die Zugabe von hochdosiertem Vitamin C eine HD bei den Nachkommen zu 100 Prozent verhindert. Leider wurde eine solche Studie nicht wiederholt, also kann man daraus nur bedingt eine Schlussfolgerung ziehen. Vitamin C wird in Stressphasen stärker abgebaut, also sollte dann die Dosis erhöht werden. Überdosierung kann Durchfälle verursachen; in diesem Fall muss reduziert werden. Bei einem Welpen, der nicht erkrankt ist, reicht eine Ergänzung mit Hagebutten oder Acerola.

Wofür sind Verdauungsenzyme gut?

Verdauungsenzyme helfen bei der Verdauung, indem sie die Nahrungsmittel in resorbierbare Bestandteile aufspalten. Des Weiteren sind Enzyme an sämtlichen metabolischen Vorgängen im Körper beteiligt. Die Bauchspeicheldrüse wird durch nicht artgerechtes Futter, insbesondere mit hohem Getreideanteil, überbeansprucht. Sie ist zwar meistens noch in der Lage, die Enzyme, die für die Verdauung nötig sind, zu produzieren, zieht aber dafür Enzyme ab, die für andere metabolische Vorgänge benötigt werden. Es entsteht eine Art „Enzymraub", der den gesamten Organismus krankheitsanfällig werden lässt. Es ist in der Natur vorgesehen, dass Enzyme mit dem Futter aufgenommen werden. Kochen vernichtet Enzyme, so dass bei gekochter Nahrung keine Enzyme mit dem Futter aufgenommen werden. Die Bauchspeicheldrüse muss dieses Defizit ausgleichen. Irgendwann schafft es die Bauchspeicheldrüse nicht mehr, und das Tier erkrankt. Auch wenn die Bauchspeicheldrüse selber nicht erkrankt, sind solche Tiere meist von Krankheiten geplagt, denn die Enzymaktivität ist im ganzen Körper eingeschränkt.

Rohfutter liefert Enzyme, so dass ein Hund, der von Anfang an Rohfutter frisst, keiner Enzyme als Nahrungsergänzung bedarf. Wurde ein Tier aber jahrelang mit Fertigfutter ernährt, kann es sein, dass die Bauchspeicheldrüse nicht mehr richtig funktioniert. In diesem Fall ist es sinnvoll, Enzyme zu füttern. Manchmal erholt sich die Verdauung nach einiger Zeit so weit, dass die Enzyme wieder abgesetzt werden können. Bei einigen Hunden, vor allem solchen mit chronischen Verdauungsstörungen oder degenerativen Krankheiten, ist es notwendig, ständig Verdauungsenzyme beizufüttern. Bei Krankheiten und entzündlichen Prozessen ist es hilfreich, den Körper mit zusätzlichen Enzymen zu unterstützen.

Was sind probiotische Kulturen und wofür sind sie gut?

Über den Verzehr fermentierter Lebensmittel nehmen wir eine große Anzahl an Milchsäurebakterien auf. Sie können ihre positive Wirkung allerdings nur dann entfalten, wenn sie die Magenpassage überstehen und in ausreichenden Mengen lebend im Darm ankommen. Diese Fähigkeiten besitzen insbesondere probiotische Kulturen. Probiotische Kulturen sind nützliche Milchsäurebakterien, die die natürliche Balance der Darmflora beeinflussen können. Probiotika helfen, das Gleichgewicht zwischen den „guten Bakterien" (Milchsäurebakterien) und den „schlechten Bakterien" zu erhalten. Sie unterstützen die Barrierefunktion des Darms gegen Bakterien, Pilzen und Viren und damit die natürlichen Abwehrkräfte. Probiotische Kulturen findet man in Milchprodukten wie Joghurt. Alternativ gibt es Produkte wie Symbio Pet, die speziell auf den Darm eines Fleischfressers ausgerichtet sind. BARF-ernährte Welpen brauchen keine Probiotika als Nahrungsergänzung. Ausnahmen wären nach einer Antibiose oder nach einer schweren Magen-Darmerkrankung, um die Darmflora wieder aufzubauen.

Ist Knoblauch wirklich so gesund?

Ja, Knoblauch ist gesund. Knoblauch wirkt antibakteriell, aber auch antivirale und antiparasitäre Wirkungen wurden in Studien festgestellt. Die Knoblauchknolle enthält Alliin und das Enzym Allinase. Allinase kann Alliin in Allicin umwandeln; dieser geruchsintensive Bestandteil besitzt die meisten positiven Eigenschaften. Die regelmäßige Einnahme von Allium sativum hält die Gefäße länger geschmeidig. Er wirkt mild cholesterinsenkend, hemmt die Bildung freier Radikaler und aktiviert die radikalenfangenden Enzyme. Das enthaltene ätherische Öl überdeckt den Milchsäuregeruch, den Zecken und andere Parasiten als Auslösemechanismus benötigen, und reduziert so erfolgreich den Befall. Knoblauch sollte gegeben werden bei Parasitenbefall oder bei Kontakt zu erkrankten Hunden.

Verursachen Brennesseln wirklich Allergien?

Brennessel ist eines der ältesten Kräuter die man **gerade bei Allergien** einsetzt. Tatsächlich reduzieren Nesseln die Menge an Histamin, die der Körper bei allergischen Reaktionen ausschüttet. Allergiesymptome werden dadurch gelindert. Die Brennessel enthält über 20 verschiedene Substanzen, unter anderem Histamine. Zudem enthalten Brennesseln Bioflavenoide, die abschwellend, entzündungshemmend und antihistamin wirken. Eigentlich sind Histamine sehr nützlich und wichtig bei der körpereigenen Abwehr von Fremdstoffen, aber Histamine werden auch vom Körper freigesetzt, wenn man Allergenen ausgesetzt wird. Die Histamine sind dann verantwortlich für die „allergische Reaktion", die sich in Atemnot, Schwellungen, Ausschlägen usw. äußern kann.

Das Schöne an der Brennessel: Die Histamine in den Brennesseln docken an Histaminrezeptoren im Körper an und verhindern so, dass die körpereigenen Histamine das tun.

Pflanzliche Histamine wie die in den Brennesseln sind aber so schwach, dass sie im Körper von Menschen und Tieren keine Symptome einer allergischen Reaktion bewirken. Die Wirkung ist in dem Fall ähnlich eines Anti-Histamins. Die „Haare" an den Blättern enthalten wenig Histamin, dafür Ameisensäure, die aber erst freigesetzt wird, wenn die Härchen sich unter die Haut gebohrt haben.

Brennessel ist eines der nährstoffreichsten Ergänzungsfutterkräuter überhaupt und kann regelmäßig dem Gemüsebrei beigemischt werden. Die Blätter entweder kurz blanchieren oder gut pürieren, so „brennen" sie beim Fressen nicht.

Entwurmen

Die Ernährung mit Rohfutter hilft den Darm sauber zu halten und verhindert somit Parasitenbefall. Es ist durchaus möglich einen Hund oder Welpen mit Naturmitteln zu entwurmen, sollte er dennoch Würmer bekommen. Als erste Möglichkeit beschreibe ich in etwa die Methode von Juliette de Bairacli Levy, da sie sehr wirksam ist. Die nötigen Kräuterpillen kann man selber herstellen.

Wichtig:
Da ein Parasitenbefall auch gesundheitliche Schäden hervorrufen kann, ist es ratsam nach einer Kräuter-Darmreinigung bei Ihrem Tierarzt eine Kotuntersuchung auf Parasiten durchzuführen, um sicher zu stellen, dass der Parasitenbefall beseitigt ist.

Entwurmung/Darmreinigung für Hunde

Kräuterpillen: Mischen Sie jeweils einen Teelöffel Wermutkraut, Salbei, Thymian und Minze zusammen mit etwas Mehl und Honig, so dass diese Mischung sich in kleine Bällchen rollen lässt. Bei Bandwurmbefall hat sich eine Mischung aus Raute, Wermut und Cayenne bewährt. Für einen 10-kg-Hund benötigen Sie ca. 2-3 Haselnuss große Kügelchen pro Tag. Am besten planen Sie die Entwurmung kurz vor dem Vollmond, da sich Parasiten nach dem Mondzyklus vermehren und zu dieser Zeit am aktivsten sind und weiter aus der Darmschleimhaut hervortreten. Bei „Tag 1" steht Fasten, aber bei einer starken Verwurmung ist es besser den Hund zwei Tage fasten zu lassen.

TAG 1(-2): Fasten, abends 1-2 Esslöffel (14-28ml) Rizinus Öl – viel Wasser, bei Bedarf mit Honig oder Zitrone.
TAG 2: Morgens Kräuterpillen geben, eine halbe Stunde später Rizinus Öl. Einige Stunden später eine leichte, semi-flüssige Mahlzeit geben. Am besten eignet sich hierzu ein Brei aus Slippery Elm Baumrindenmehl mit etwas Honig und Hüttenkäse oder Jogurt (für den Geschmack). Das Slippery Elm wird wie ein Gel, wenn man es mit Wasser anrührt, und dieses Gel beruhigt den Magen-Darm-Trakt und zieht zusätzlich noch Parasiten und deren Eier mit raus.
TAG 3: Morgens Kräuterpillen (halbe Menge) und eine halbe Stunde später eine leichte, flüssige Mahlzeit (siehe Brei, Tag 2), abends auch eine leichte Mahlzeit, z. B. Gemüse, Eier, Hüttenkäse.
TAG 4: Morgens Kräuter (halbe Menge) und zusätzlich Brei wie bei Tag 2, abends kann schon eine kleine Fleischmahlzeit mit feingeschnittenem Grünzeug und Knoblauch gefüttert werden
TAG 5: Wie Tag 4 – Fleischmenge erhöhen.
TAG 6: Normale Fütterung jedoch ohne schwerverdauliche Zutaten wie z. B. Knochen.

Entwurmen mit Kokosöl bei Welpen 4.-6. Lebenswoche

Welpen werden meist viel zu jung entwurmt. Entwurmung mit einem chemischen Mittel zerstört die Darmflora des Welpen und stört die Entwicklung der oralen Toleranz. Kein

Welpe sollte entwurmt werden, bevor er beginnt feste Nahrung zu sich zu nehmen. Wenn Sie junge Welpen entwurmen müssen, dann können Sie einen Spulwurmbefall oft mit Kokosöl beheben. Dazu jedem Welpen 1 ml Kokosöl/kg Körpergewicht über 3 Tage verabreichen. Bei älteren Welpen, die bereits fressen, können Sie Kokosflocken geben:
1 TL/5 kg Körpergewicht über 3 Tage.

Entwurmen mit Propolis
Propolis soll den Darm wurmabweisend machen und tötet laut Studien Protozoa (Einzeller). Tipp: 10 ml Propolis Urtinktur auf 500 ml Wasser in ein dunkles Gefäß geben und im Kühlschrank aufbewahren. Davon 6 Tage lang 2 TL/10 kg Körpergewicht verabreichen. Alternativ 1/8 TL Propolispulver/10 kg Körpergewicht über 3 Tage verabreichen.
Für erwachsene Hunde sowie für Welpen über 6 Wochen geeignet.

Folgende Nahrungsmittel haben eine anti-parasitäre Wirkung: Kürbiskerne, Kokosflocken und -öl, geriebene Möhren und Knoblauch. Diese Zutaten können Sie abwechselnd 3-4 mal wöchentlich dem Futter hinzufügen, um einen Parasitenbefall zu verhindern.

Impfungen

Leider wird von den meisten Zuchtverbänden immer noch vorgeschrieben, wann und gegen was Welpen geimpft werden müssen. In der Regel wird eine Mehrfachimpfung in der 7. oder 8. Woche „empfohlen". Danach wird meistens in Abständen von vier Wochen zweimal nachgeimpft. Das Ganze wird als Grundimmunisierung bezeichnet. Wie bereits in dem Kapitel „Orale Toleranz" beschrieben, sind Impfungen nicht ohne Nebenwirkungen, teilweise können diese sehr gravierend sein. Aus diesem Grund sollte ein Welpe so wenig und so spät wie möglich geimpft werden. Sinnvoll sind Impfungen gegen Parvovirose, Staupe und eventuell noch Hepatitis. Weniger sinnvoll bis schädlich sind Impfungen gegen Leptospirose, Zwingerhusten und Borelliose, da diese entweder wenig wirksam sind oder ein erhöhtes Nebenwirkungsrisiko haben. Gegen Tollwut kann geimpft werden, wenn der Welpe etwas älter ist, da Deutschland inzwischen so gut wie tollwutfrei ist. Es würde den Rahmen dieser Broschüre sprengen, auf die einzelnen Impfungen und deren Nutzen bzw. Schaden einzugehen. Hervorragende Infos zu Impfungen bei Hunden finden Sie auf Monika Peichls Blog haustiereimpfenmitverstand.blogspot.com und in ihrem Buch *Haustiere impfen mit Verstand.*

Zwei weitverbreitete Irrtümer möchte ich dennoch kurz ansprechen.
Viele Hundebesitzer und Züchter glauben, dass Welpen gegen Viruserkrankungen geschützt sind, solange sie von der Mutter noch gesäugt werden. Das stimmt definitiv nicht. Welpen bekommen Antikörper gegen diese Erkrankungen ausschließlich über die Kolostralmilch in den ersten Tagen nach ihrer Geburt. Diese sogenannten maternalen Antikörper bauen sich dann mit der Zeit ab, und das Immunsystem des Welpen entwickelt sich

soweit, dass es selber Antikörper bilden kann. Es gibt bei jedem Welpen eine kurze Zeit, in der er selber noch keine Antikörper gebildet hat und die maternalen Antikörper keinen sicheren Schutz mehr bieten aber hoch genug sind, um einen Impferfolg zu verhindern. Diese Zeit wird als „Fenster der Verwundbarkeit“ bezeichnet. Da in der Regel keine Messung der maternalen Antikörpertiter bei Welpen stattfindet, weiß man nicht, wann der optimale Impfzeitpunkt ist. Bei den gängigen Impfprotokollen für Welpen wird deshalb mit einer Schrotschussmethode gearbeitet, indem ab der 7. oder 8. Woche alle vier Wochen geimpft wird, da die Höhe der maternalen Antikörper sehr verschieden sein kann.

Hierin findet man den zweiten weit verbreiteten Irrtum. Es ist unnötig mehrmalige Impfungen durchzuführen, um einen Immunschutz aufzubauen. Würde man dann impfen, wenn die maternalen Antikörper nicht mehr in ausreichender Höhe vorhanden sind um den Impferreger sofort zu vernichten, würde eine einzige Impfung beim Welpen einen Schutz über Jahre bringen, zumindest in Bezug auf Viruserkrankungen (Staupe, Parvo, Hepatitis). Es ist durchaus möglich, den maternalen Antikörpertiter der Welpen zu messen. Da die Welpen in einem Wurf beinahe exakt den gleichen Titer aufweisen, reicht es einen oder zwei Welpen zu testen. Die Halbwertszeiten der maternalen Antikörper sind bekannt, so kann man ziemlich genau ausrechnen, wann der optimale Impfzeitpunkt bei einem Wurf Welpen ist. Diese Methode spart den Welpen unnötige Impfungen und bietet einen optimalen Schutz. Ich verfahre seit Jahren so mit Unterstützung meines Zuchtverbandes, des Vereins für Deutsche Schäferhunde e.V.. Bei den ersten sieben Würfen, bei denen ich Titermessungen durchgeführt habe, musste noch kein Wurf vor der 12. Woche geimpft werden. Ein Wurf hatte sogar einen Titer bis in die 21. Woche. Und das mit ungeimpften Muttertieren! Als Züchter sollten Sie mit Ihrem Verein verhandeln, damit Sie ihren Welpen unnötige Impfungen ersparen können.

Nosoden als Impfersatz?

Nosoden sind Krankheitsprodukte, Mikrobenkulturen oder pathologische Sekrete und Exkrete, die steril in homöopathischen Verdünnungen eingesetzt werden. Man kann Nosoden nach der Simileregel verabreichen oder wenn Familienbelastungen vorliegen. Auch bei - z. B. durch Antibiotika - unterdrückten Krankheiten können Nosoden angewandt werden.

Es gibt die Möglichkeit, Tiere durch Nosoden homöopathisch zu „impfen“, dies ist jedoch sehr umstritten. Ich persönlich würde diese Methode nicht prophylaktisch anwenden, da sie nicht der Verfahrensweise der klassischen Homöopathie entspricht. Eine derartige Anwendung von Nosoden könnte negative Auswirkungen auf die Gesundheit des Tieres haben, z. B. durch eine Arzneimittelprüfung. Ein Argument der Nosodenbefürworter ist, dass die Hunde nach Verabreichung der Nosoden Antikörpertiter aufweisen. Meine Hunde werden außer gegen Tollwut gar nicht geimpft und weisen sehr hohe Antikörpertiter auf z. B. gegen Parvovirose. Gute Erfahrungen habe ich hingegen mit dem Einsatz von Nosoden gemacht, um eine Ansteckung von Hunden, die unmittelbaren Kontakt zu einem bereits erkrankten Hund hatten, zu verhindern.

In drei einfachen Schritten zum Ernährungsplan

Für den Anfang kann es eine große Hilfe sein, einen Ernährungsplan zu erstellen, so dass Sie einen besseren Überblick haben und sicherer sind, dass die Nahrungsbedürfnisse Ihres Hundes gedeckt sind. Um einen Ernährungsplan zu erstellen müssen Sie erstmal die Gesamtfuttermenge berechnen. Sie können die Gesamtfuttermenge mit Hilfe folgender Tabelle genauer berechnen.

Welpen brauchen 4-10 % ihres Körpergewichts an Futter pro Tag, in der Tabelle habe ich mittlere Werte von 5-6 % für Welpen und 4-5 % für Junghunde angesetzt. Bei den Hündinnen bin ich von einer Futtermenge im Erhaltungsstoffwechsel von 2 % des Körpergewichts pro Tag ausgegangen. Sollte Ihre Hündin mehr Futter im Erhaltungsstoffwechsel (normale Fütterung) bekommen, müssen Sie die Werte nach oben anpassen.

Tabelle 1.2 - Ausrechnen der Gesamtfuttermenge

Welpen	
Welpe erste Entwöhnungswoche	KM x 0,05 x 0,5 = Futtermenge
Beispiel 3 kg Welpe	3 kg x 0,05 x 0,5 = 0,075 kg oder 75 g
Welpe zweite und dritte Entwöhnungswoche	KM x 0,05 x 0,75 = Futtermenge
Beispiel 4 kg Welpe	4 kg x 0,05 x 0,75 = 0,15 kg oder 150 g
Welpe vierte und fünfte Entwöhnungswoche	KM x 0,06 = Futtermenge
Beispiel 5 kg Welpe	5 kg x 0,06 = 0,3 kg oder 300 g
Welpe 8 - 24 Wochen	KM x 0,06 = Futtermenge (kleine Rassen evtl. weniger)
Beispiel 10 kg Welpe	10 kg x 0,06= 0,6 kg oder 600 g
Junghund 25 - 34 Woche	KM x 0,05 = Futtermenge (kleine Rassen evtl. weniger)
Beispiel 20 kg Junghund	20 kg x 0,05 = 1,0 kg oder 1000 g
Junghund 35 - 52 Woche	KM x 0,04 = Futtermenge (kleine Rassen evtl. weniger)
Beispiel 30 kg Junghund	30 kg x 0,04 = 1,2 kg oder 1200 g
Trächtige und säugende Hündinnen (vor der 5. Trächtigkeitswoche KM x 0,02 bis 0,03 = Futtermenge)	
Trächtigkeit, 5. Woche	KM x 0,02 x 1,1 = Futtermenge
Trächtigkeit, 6. Woche	KM x 0,02 x 1,2 = Futtermenge
Trächtigkeit, 7. Woche	KM x 0,02 x 1,3 = Futtermenge
Trächtigkeit, 8. Woche	KM x 0,02 x 1,4 = Futtermenge
Trächtigkeit, 9. Woche	KM x 0,02 x 1,5 = Futtermenge
Beispiel 30 kg Hündin, 9. Woche	30 kg x 0,02 x 1,5 = 0,9 kg oder 900 g
Säugende Hündin 1. Woche	KM x 0,02 x 1,50 = Futtermenge
Beispiel 30 kg Hündin	30 kg x 0,02 x 1,50 = 0,9 kg oder 900 g
Säugende Hündin 2. Woche	KM x 0,02 x 2,0 (bis 2,5) = Futtermenge
Beispiel 30 kg Hündin	30 kg x 0,02 x 2,0 = 1,2 kg oder 1200 g
Säugende Hündin 3.-4. Woche	KM x 0,02 x 2,5 (bis 3,0) = Futtermenge
Beispiel 30 kg Hündin	30 kg x 0,02 x 2,5 = 1,5 kg oder 1500 g

Diese Gesamtmenge verteilen wir jetzt erstmal proportional auf zwei Nahrungsmittelgruppen: **pflanzliche Erzeugnisse** und **tierische Erzeugnisse**. Man kann die Mengen je nach Hund variieren: zwischen 10 und 30 % sollten pflanzlich und zwischen 70 und 90 % tierisch sein. Ich benutze in der Regel eine mittlere Menge von 20 % pflanzlich und 80 % tierisch für meine Hunde, egal in welchem Alter.

Diese zwei Gruppen werden dann nochmals unterteilt in Gemüse, Obst und Getreide bei den pflanzlichen Bestandteilen und Muskelfleisch, Pansen, Innereien und Knochen bei den tierischen Bestandteilen. Die Verteilung erfolgt folgendermaßen:

Ohne Getreide			
20 % Pflanzliche Erzeugnisse	davon	80 % Tierische Erzeugnisse	davon
Gemüse	75%	Muskelfleisch durchwachsen	50%
Obst	25%	Pansen/Blättermagen	20%
		Innereien	15%
		Knochen (RFK)/ Knorpel	15%

Mit Getreide			
30 % Pflanzliche Erzeugnisse	davon	70 % Tierische Erzeugnisse	davon
Gemüse	40%	Muskelfleisch durchwachsen	50%
Getreide	40%	Pansen/Blättermagen	15%
Obst	20%	Innereien	15%
		Knochen (RFK)/ Knorpel	20%

Die berechneten Mengen kann man dann der Einfachheit halber abrunden.
Bei einer Gesamtfuttermenge von 1000 g pro Tag könnte das so aussehen:

Diese Mengen verteilt man portionsweise über die gesamte Woche, je nach dem wie viele Mahlzeiten man pro Woche füttert. Die Mengen der einzelnen Portionen richten sich danach, ob Sie ein, zwei oder drei Mal täglich füttern Es ist nicht nötig, jede Futtermittelgruppe jeden Tag zu füttern.

Futtermittelgruppe	Gramm	abgerundet
Gemüse	1050 g	1000 g
Obst	350 g	350 g
Fleisch durchwachsen	2800 g	2800 g
Pansen/Blättermagen	1120 g	1150 g
Innereien	840 g	850 g
Knochen (RFK)/ Knorpel	840 g	850 g
Woche gesamt	7000 g	7000 g

Zusammunfassung:

1. Gesamtfuttermenge berechnen

2. Menge tierischer und pflanzlicher Bestandteile berechnen

3. Menge verschiedener Futtermittelgruppen berechnen

4. Mengen portionsweise auf die Anzahl der Mahlzeiten pro Woche verteilen

Ernährungspläne

Für die Zuchthündin

Bei einer Trächtigen oder säugenden Hündin nehmen wir einfach den Ernährungsplan für den erwachsenen Hund aus der *„BARF Broschüre für Hunde"* und passen die Mengen entsprechend an. Das Beispiel in Tabelle 1.3 wäre passend für eine 30-kg-Hündin Mitte der ersten Laktationswoche. Zur Berechnung habe ich einen mittleren Wert von 20 % pflanzlichen Erzeugnissen zu 80 % tierischen Erzeugnissen bei getreidefreier Nahrung zu Grunde gelegt und von 30 % pflanzlichen Erzeugnissen zu 70 % tierischen Erzeugnissen bei Fütterung mit Getreide. Die berechnete Gesamtfuttermenge ergibt 1000 g pro Tag. Diese Menge wird jetzt nochmal unterteilt in Gemüse, Obst und Getreide bei den pflanzlichen Bestandteilen und Muskelfleisch, Pansen, Innereien und Knochen bei den tierischen Bestandteilen.

Tabelle 1.3 - Prozentuale Aufteilung der Nahrungsbestandteile

Ohne Getreide pro Tag

Gesamtfuttermenge pro Tag: 1000 g					
Pflanzliche Erzeugnisse	20% von 1000 g	200 g	Tierische Erzeugnisse	80% von 1000 g	800 g
Gemüse	75% von 200 g	150 g	Muskelfleisch durchwachsen	50% von 800 g	400 g
Obst	25% von 200 g	50 g	Pansen/Blättermagen	20% von 800 g	160 g
			Innereien	15% von 800 g	120 g
			Knochen (RFK)/ Knorpel	15% von 800 g	120 g

Mit Getreide pro Tag

Gesamtfuttermenge pro Tag: 1000 g					
Pflanzliche Erzeugnisse	30%	300 g	Tierische Erzeugnisse	70%	700 g
Gemüse	40%	120 g	Muskelfleisch durchwachsen	50%	350 g
Getreide	40%	120 g	Pansen/Blättermagen	15%	105 g
Obst	20%	60 g	Innereien	15%	105 g
			Knochen (RFK)/ Knorpel	20%	140 g

Ohne Getreide pro Woche

Gesamtfuttermenge pro Woche: 7000 g					
Pflanzliche Erzeugnisse	20%	1400 g	Tierische Erzeugnisse	80%	5600 g
Gemüse	75%	1050 g	Muskelfleisch durchwachsen	50%	2800 g
Obst	25%	350 g	Pansen/Blättermagen	20%	1120 g
			Innereien	15%	840 g
			Knochen (RFK)/ Knorpel	15%	840 g

Mit Getreide pro Woche

Gesamtfuttermenge pro Woche: 7000 g					
Pflanzliche Erzeugnisse	30%	2100 g	Tierische Erzeugnisse	70%	4900 g
Gemüse	40%	840 g	Muskelfleisch durchwachsen	50%	2450 g
Getreide	40%	840 g	Pansen/Blättermagen	15%	735 g
Obst	20%	420 g	Innereien	15%	735 g
			Knochen (RFK)/ Knorpel	20%	980 g

Die berechneten Mengen werden abgrundet ...

Futterplan ohne Getreide	Gramm	abgerundet
Gemüse	1050 g	1000 g
Obst	350 g	350 g
Fleisch durchwachsen	2800 g	2800 g
Pansen/Blättermagen	1120 g	1150 g
Innereien	840 g	850 g
Knochen (RFK)/ Knorpel	840 g	850 g
Woche gesamt	7000 g	7000 g

... und auf die Woche portionsweise verteilt. Wenn Sie drei mal täglich füttern möchten, werden die Mengen einfach auf 21 statt auf 14 Mahlzeiten verteilt. Ein Fasttag sollte bei laktierenden Hündinnen nicht erfolgen.

	Montag	Dienstag	Mittwoch	Donnerstag
Morgens	250g Pansen 200g Kehlkopf	150g Leber 100g Gemüsemix	150g Obstmix 300g Kronfleisch	150g Leber 200g Gemüsemix
Abends	150g Herz 300g Muskelfleisch	200g Brustbein 300g Kopffleisch	200g Niere 300g Muskelfleisch	250g Hühnerhälse 300g Muskelfleisch

	Freitag	Samstag	Sonntag
Morgens	200g Gemüsemix 300g Muskelfleisch	200 g Herz 300g Gemüsemix	200g Gemüsemix 500g Muskelfleisch
Abends	400g Pansen	500 g Pansen	200g Brustbein 500g Kopffleisch

Während der Trächtigkeit und in der Stillzeit sollten zusätzlich noch einige Ergänzungsfuttermittel hinzugefügt werden.

Himbeerblatt als Tee oder Kraut, Mengen siehe Seite 11
Alfalfagrünmehl - Trächtigkeit: 1 TL/ 25 kg Hund/Tag
Alfalfagrünmehl - Laktation: 1 EL/ 25 kg Hund/Tag
Ascophyllum nodosum - tägl. 1 TL/ 25 kg Hund (oder DHN Algen & Kräuter)
DHN Vita-Derm-ÖL, Hanföl oder Fischöl - tägl. 2 TL/ 25 kg Hund
Spirulina - tägl. ½ TL/ 25 kg Hund
Hagebuttenpulver - tägl. 1-2 EL/ 25 kg Hund
Frische Kräuter in kleinen Mengen

Kräuter, die zum Füttern geignet sind: Brennessel, Dill, Borretsch, Gänseblümchenblätter, Brunnenkresse, Basilikum, Löwenzahn, Malven, Spitzwegerich, Vogelmiere, Giersch, Hagebutten, Minze, Große Klette.

Für den Welpen

Bei ganz jungen Welpen, die gerade anfangen zu fressen, benutze ich keinen Futterplan. Bei der Fleischbrockenfütterung sind die Fleischstücke um einiges größer als die Menge, die Welpen fressen sollten. Bei dieser Futtermethode bleiben Sie während der Fütterung dabei und nehmen den Fleischbrocken weg, wenn die Welpen genug gefressen haben. Für die Milchbreimahlzeit können Sie in etwa die Menge berechnen. Wichtig ist, dass Sie die Welpen gut beobachten, werden sie zu dünn oder zu dick, müssen Sie die Mengen entsprechend anpassen. Bitte bedenken, dass die Welpen noch so lange wie möglich bei der Mutter trinken sollten, deshalb sollten die Futtermengen die Welpen nicht ganz sättigen. Die entwicklung der oralen Toleranz sollte bei der Fütterung unbedingt berücksichtigt werden.

Ab der 7. oder 8. Woche, wenn die Welpen so gut wie gar nicht mehr bei der Mutter trinken, können Sie die volle Futtermenge berechnen. So lange die Welpen noch im Wurf sind, ist es schwierig die Menge für jeden Welpen zu berechnen, deshalb rechne ich die Menge für den gesamten Wurf aus, und füttere dann die gesamte Menge an allen zusammen. Ich halte nichts davon, die Welpen in getrennten Schüsseln zu füttern. Wenn die Welpen an den neuen Besitzer gehen, wird der Futterplan einfach nach der beschriebenen Methode berechnet.

Hier ein Beispielplan:

	Montag	Dienstag	Mittwoch	Donnerstag	Freitag	Samstag	Sonntag
Morgens	Flocken & Obst & Milch, Joghurt od. Hüttenkäse	Flocken & Obst & Milch, Joghurt od. Hüttenkäse	Flocken & Obst & Milch, Joghurt od. Hüttenkäse	Flocken & Obst & Milch, Joghurt od. Hüttenkäse	Flocken & Obst & Milch, Joghurt od. Hüttenkäse	Flocken & Obst & Milch, Joghurt od. Hüttenkäse	Flocken & Obst & Milch, Joghurt od. Hüttenkäse
Mittags	Gemüsemix & Fleisch	Gemüsemix & Fleisch	Gemüsemix & Fleisch	Gemüsemix & Fleisch	Gemüsemix & Fleisch	Gemüsemix & Fleisch	Gemüsemix & Fleisch
Nachmittags	Gemüsemix & Fleisch	Gemüsemix & Fleisch	Gemüsemix & Fleisch	Gemüsemix & Fleisch	Gemüsemix & Fleisch	Gemüsemix & Fleisch	Gemüsemix & Fleisch
Abends	Hühnerhälse + 1	Fleisch + RFK +2	Hühnerhälse & Ei + 1	Fleisch + RFK +2	Hühnerhälse & Ei + 1	Fleisch + RFK +2	Gemüsemix & Leber + RFK

Erläuterung:

1 = Öl (Barfers® Omega 3-6-9 Öl oder Leinsamen-, Oliven-, Distel-, Hanf- oder Fischöl)

2 = Algen, Kräuter (z. B. DHN Algen & Kräuter, Hagebutten)

RFK = Roher Fleischiger Knochen (z. B. Rinderbrustbein, Hühnerhälse, -flügel, -rücken) *Knochen können auch gewolft sein.*

Zusätzlich 1 x wöchentlich 1/4 TL Lebertran/je 10 kg KM

Rezept Welpenbrei:
Frische, unbehandelte Ziegenmilch, andicken mit etwas Slippery Elm Baumrindenmehl, ein paar Tropfen Fisch- od. Hanföl und Borretschöl, ein Ei und Joghurt, Quark oder Hüttenkäse.

Für den Junghund bis ins Erwachsenenalter

Für unser Beispiel nehmen wir einen mäßig aktiven Junghund mittelgroßer Rasse mit einem Gewicht von 20 kg der etwa 30 Wochen alt ist. Unser Hund benötigt also eine Gesamtfuttermenge von etwa 1000 g am Tag oder 7000 g pro Woche (20 kg x 0,05 = 1,0 kg oder 1000 g). Diese Gesamtmenge verteilen wir jetzt erstmal proportional auf zwei Nahrungsmittelgruppen: pflanzliche Erzeugnisse und tierische Erzeugnisse. Für die Tabelle 1.3 haben ich einen mittleren Wert von 20 % pflanzlichen Erzeugnissen zu 80 % tierischen Erzeugnissen bei getreidefreier Nahrung zu Grunde gelegt und von 30 % pflanzlichen Erzeugnissen zu 70 % tierischen Erzeugnissen bei Fütterung mit Getreide. Diese zwei Gruppen werden dann nochmal unterteilt in Gemüse, Obst und Getreide bei den pflanzlichen Bestandteilen und Muskelfleisch, Pansen, Innereien und Knochen bei den tierischen Bestandteilen.

Tabelle 1.5 - Prozentuale Aufteilung der Nahrungsbestandteile

Ohne Getreide pro Tag

Gesamtfuttermenge pro Tag: 1000 g					
Pflanzliche Erzeugnisse	20% von 1000 g	200 g	Tierische Erzeugnisse	80% von 1000 g	800 g
Gemüse	75% von 200 g	150 g	Muskelfleisch durchwachsen	50% von 800 g	400 g
Obst	25% von 200 g	50 g	Pansen/Blättermagen	20% von 800 g	160 g
			Innereien	15% von 800 g	120 g
			Knochen (RFK)/ Knorpel	15% von 800 g	120 g

Mit Getreide pro Tag

Gesamtfuttermenge pro Tag: 1000 g					
Pflanzliche Erzeugnisse	30%	300 g	Tierische Erzeugnisse	70%	700 g
Gemüse	40%	120 g	Muskelfleisch durchwachsen	50%	350 g
Getreide	40%	120 g	Pansen/Blättermagen	15%	105 g
Obst	20%	60 g	Innereien	15%	105 g
			Knochen (RFK)/ Knorpel	20%	140 g

Ohne Getreide pro Woche

Gesamtfuttermenge pro Woche: 7000 g					
Pflanzliche Erzeugnisse	20%	1400 g	Tierische Erzeugnisse	80%	5600 g
Gemüse	75%	1050 g	Muskelfleisch durchwachsen	50%	2800 g
Obst	25%	350 g	Pansen/Blättermagen	20%	1120 g
			Innereien	15%	840 g
			Knochen (RFK)/ Knorpel	15%	840 g

Mit Getreide pro Woche

Gesamtfuttermenge pro Woche: 7000 g					
Pflanzliche Erzeugnisse	30%	2100 g	Tierische Erzeugnisse	70%	4900 g
Gemüse	40%	840 g	Muskelfleisch durchwachsen	50%	2450 g
Getreide	40%	840 g	Pansen/Blättermagen	15%	735 g
Obst	20%	420 g	Innereien	15%	735 g
			Knochen (RFK)/ Knorpel	20%	980 g

Da Lebensmittel wie Eier und Milchprodukte Eiweiß- und Fettlieferanten sind, werden sie bei der Berechnung den tierischen Bestandteilen zugeordnet (Fleisch).

Spätestens jetzt wird klar, dass der Versuch, das Futter nach dem Fertigfutterprinzip *„alle Nährstoffe, im richtigen Verhältnis, zu jeder Mahlzeit“* zuzubereiten, wenig Freude bereiten wird. Sie können natürlich nach den Gramm-Angaben die tägliche Portion zusammenstellen, aber ich empfehle, die Mengen auf eine Woche anzulegen.

Das sieht dann so aus:

Futterplan ohne Getreide	Gramm	abgerundet
Gemüse	1050 g	1000 g
Obst	350 g	350 g
Fleisch durchwachsen	2800 g	2800 g
Pansen/Blättermagen	1120 g	1150 g
Innereien	840 g	850 g
Knochen (RFK)/ Knorpel	840 g	850 g
Woche gesamt	7000 g	7000 g

Um das Ganze etwas leichter zu gestalten runden wir noch die Mengen. Jetzt müssen wir nur noch die Mengen sinnvoll auf die Mahlzeiten umlegen.
Für den Beispielplan gehen wir von sechs Tagen Fütterung und einem Fasttag aus. Das wären dann zwölf Mahlzeiten für unseren Hund, zwei davon fleischfrei, auf eine Woche verteilt.

Tabelle 1.6 Verteilung der Nahrungsbestandteile auf eine Woche

	Montag	Dienstag	Mittwoch	Donnerstag
Morgens	550g Pansen 200g Kehlkopf	150g Leber 100g Gemüsemix	150g Obstmix 400g Kronfleisch	200g Leber 200g Gemüsemix
Abends	300g Herz 500g Muskelfleisch	300g Brustbein 500g Kopffleisch	200g Niere 400g Muskelfleisch	350g Hühnerhälse 500g Muskelfleisch

	Freitag	Samstag	Sonntag
Morgens	200g Gemüsemix 500g Muskelfleisch	200 g Obstmix 200g Gemüsemix	Fasten
Abends	600g Pansen	300g Gemüsemix	Fasten

Der Gemüse- und Obstmix sollte aus mindestens drei Gemüse- bzw. zwei Obstsorten bestehen, hier ist Abwechslung wichtig. In Zeiten von Eile kann man luft- oder gefriergetrocknetes Gemüse oder tiefgefrorenes Gemüse benutzen, besser ist es aber frisches Gemüse und frisches, reifes Obst zu benutzen. Als letztes runden wir den Futterplan mit Ölen, Kräutern und anderen Nahrungsergänzungsmittel nach Bedarf ab.

Die einzelnen Fleisch-, Knochen-, Gemüse-, Getreide- und Obstsorten sowie Kräuter und Öle werden in den nachfolgenden Kapiteln ausführlicher beschrieben.

Futtermittelliste

Fleisch: Rind, Pferd, Schaf, Ziege, Wild	**Gemüse**	**Getreide**
Blättermagen	Blumenkohl	Amaranth*
Euter	Broccoli	Buchweizen*
Herz	Chicoree	Dinkel
Kehlkopf	Chinakohl	Gerste
Kopffleisch	Grünkohl	Grünkern
Kronfleisch	Gurken	Hafer
Leber	Kartoffeln (gekocht)	Hirse*
Lefzen	Keimlinge	Maisflocken
Luftröhre	Kürbisfleisch	Maisgrieß
Lunge	Mangold	Quinoa*
Milz	Möhren	Reis*
Muskelfleisch	Paprika (gelb oder rot)	Roggen
Niere	Pastinak	Weizenkleie
Pansen	Portulak	**Obst**
Schlund	Rote Beete	Ananas
Stichfleisch	Rüben	Äpfel
Knochen	Salate	Apfelsinen/ Nektarinen
Brustbein	Sellerie	Aprikose
Sandknochen	Spinat	Bananen
Schulter	Topinambur	Beeren
Schwanz	Wirsing	Birnen
Köpfe (Schaf, Ziege, Wild)	Zucchini	Feigen
Beine (auch Hufe)	**Kräuter**	Kiwis
Huhn/Pute/Ente	Alfalfa	Kokos
Flügel	Borretsch	Pflaumen
Hälse	Brennessel	**Milchprodukte**
Rücken	Brunnenkresse	Buttermilch/Dickmilch
Leber	Dill	Ziegenmilch
Herz	Hagebutten	Joghurt
Mägen	Löwenzahn	Hüttenkäse
Ganze Hühner/Enten	Petersilie	Frischkäse
Schenkel	Minze	Quark

* Glutenfrei

Fleisch und Knochen

Fleisch, Knochen, Knorpel, Innereien und Fette bilden die Grundlage der Nahrung bei der BARF-Ernährung. Das Beutetier liefert dem Caniden Eiweiß, Fett, Vitamine, Mineralien und Spurenelemente, die er braucht. Im Prinzip bauen wir bei der Rohernährung ein Beutetier nach, sofern die nötigen Teile verfügbar, sinnvoll und bezahlbar sind. Bei der Erstellung eines Ernährungsplanes werden die verschiedenen Teile des Beutetieres in Gruppen unterteilt, die in erster Linie der Mengenberechnung dienen.

Fleisch

Die erste Gruppe, die auch den größten Anteil darstellt, ist Fleisch. Fleisch macht in der Ernährung etwa die Hälfte des tierischen Futteranteils aus. Hier ist zu beachten, dass nicht nur mageres Fleisch gefüttert wird, sondern Fleisch mit einem ordentlichen Anteil Fett (15-25 %). Bei der Rohernährung ist Fett der primäre Energielieferant. Zum Fleisch gehört alles an Muskelfleisch, Zunge, Kronfleisch (Zwerchfell) usw. Fleisch kann von Rindern, Ziegen, Schafen, Pferden, Wild, Straußen, Puten, Hühnern, Enten, Gänsen, Kaninchen und auch mal vom Schwein kommen. Sie müssen nicht alle Fleischarten füttern, aber ein Wechsel zwischen zwei oder drei ist ratsam. Schweinefleisch ist generell in Ordnung, war aber noch vor wenigen Jahren gelegentlich mit dem Aujetskivirus infiziert. Deutschland wird zwar seit 2003 offiziell als aujetzkifrei bezeichnet, aber vorsichtshalber sollten Sie Schweinefleisch gut abkochen.

Innereien

Die nächste Gruppe der tierischen Erzeugnisse sind die Innereien. Innereien sind zusätzlich noch gute Vitaminlieferanten, z. B. liefert Leber viel Vitamin-A. Innereien sollten etwa 10 % der Gesamtration bzw. 15 % des Gesamtfleischanteils ausmachen. Zu den Innereien gehören Leber, Niere, Milz, Lunge und Herz. Eigentlich ist Herz reines Muskelfleisch, aber da es in geringen Mengen gefüttert werden sollte, ordne ich es den Innereien zu. Von den o.g. Tierarten können Sie auch die Innereien füttern. Füttern Sie nicht die gesamte Leber-, Milz- oder Nierenportion für die Woche in einer Mahlzeit, denn diese Innereien verursachen Durchfall, wenn große Mengen auf einmal gefressen werden.

Zu der Sorge, dass Leber als das große Entgiftungsorgan mit Schadstoffen belastet ist, möchte ich zur Beruhigung sagen, dass die Leber zwar Schadstoffe herausfiltert, sie aber in der Regel nicht speichert. Die meisten Schadstoffe werden im Fettgewebe gespeichert.

Pansen und Blättermagen gehören eigentlich zu den Innereien, aber ich behandle sie bei der Nahrungszusammenstellung getrennt, da ich recht große Mengen davon empfehle. Pansen und Blättermagen können 15-20 % des tierischen Anteiles ausmachen. Bei Hunden, die lange krank waren oder Verdauungsstörungen haben, sogar mehr. Pansen hat ein ideales Ca:P-Verhältnis, einen guten Fettgehalt, liefert Vitamine, Spurenelemente und „gute“ Bakterien über das enthaltene vorverdaute Grünzeug und pflegt die Zähne und das Zahnfleisch, da er sehr zäh ist und der Hund kräftig kauen muss, um ihn zu fressen.

Knochen & Knorpel

Die letzte Gruppe der tierischen Erzeugnisse sind Knochen und teilweise Knorpel. Knochen sind der Haupt-Calciumlieferant in der Rohernährung und sollten etwa 5 % (blanke Knochen) bzw. 10 % (RFK) der Gesamtration ausmachen. Hat man die Möglichkeit, ganze Tierkörper zu füttern, kann man bedenkenlos alle Knochen verfüttern, da das Fell und die Haut der Beutetiere den Magen des Hundes auch schützen. Füttert man Schlachtabfälle oder Huhn und Pute, sollte man die Röhrenknochen meiden und überwiegend Fleischknochen, Rippenknochen oder Knorpel füttern. Bei Geflügel eignen sich Flügel, Rücken und Hälse oder sogar ganze Hühner. Am Anfang sollte man vorsichtig sein, nur sehr weiche Knochen füttern und beobachten, wie der Hund sie kaut. Ist er ein Schlinger, sollte man erst mal sehr große Knochen geben, damit der Hund lernt zu kauen, oder die Hühnerflügel und -hälse durch den Fleischwolf drehen. Knochen sollten am besten noch recht viel Fleisch dran haben, damit der Magen etwas geschützt ist. Bei Hunden, die später im Leben umgestellt worden sind, sollte man keine sehr harten Knochen füttern. Füttern Sie nie große Mengen Knochen auf einmal, da gefährliche Verstopfungen entstehen können! Bei Hunden mit Skeletterkrankungen an der Hüfte oder an der Wirbelsäule (Cauda-Equina-Syndrom) sollten Sie dafür sorgen, dass der Stuhl nie zu fest wird, denn bei solchen Hunden kommt es durch die Schmerzreaktion beim Pressen schneller zu einer Verstopfung. Wenn Sie sich bei der Fütterung von bestimmten Knochen nicht wohl fühlen, dann füttern Sie sie nicht! Es bringt nichts, wenn Sie sich hinterher stundenlang Sorgen machen, dass Ihrem Hund etwas passiert. In solchen Fällen können Sie gewolfte oder gemahlene Knochen füttern oder durch Nahrungsergänzungmittel die Calciumversorgung sicherstellen.

FAQ - häufig gestellte Fragen zu Fleisch und Knochen

Wie viel Calcium, wie viel Phosphor?

Der Calcium-Phosphor-Gehalt von Hundefutter ist inzwischen wegen neuen Erkenntnissen der Ernährungswissenschaft recht umstritten. Die empfohlene Calciummenge lag vor einigen Jahren noch viel höher als heute und man gab vor, dass das Ca:P-Verhältnis unbedingt bei 1:1 bis 1,2:1 liegen sollte. Neue Erkenntnisse, die 2006 von dem NRC (National Research Council) veröffentlich worden sind, besagen, dass ein erwachsener Hund im Erhaltungsstoffwechsel 50-90 mg Ca/kg Körpergwicht/Tag benötigt. Jetzt heißt es, das Ca:P-Verhältnis wäre nicht so wichtig, wichtig wäre, dass der Calciumbedarf des Hundes gedeckt wird. Bei einer ausreichenden Knochenfütterung ist das gegeben. In der Rohernährung kann man von einem durchschnittlichen Calciumgehalt der Knochen (RFK) von mind. 2.500 mg/100 g ausgehen, vorausgesetzt man füttert verschiedene Knochen (Brustbein, Ochsenschwanz, Hühnerflügel usw.). So ist eine ausreichende Calciumversorgung bei einer Menge von 10 % RFK der Gesamtration gewährleistet.

Womit kann ich Calcium ergänzen außer mit Knochen und Eierschalen?
Calciumcitrat ist ein gutverträgliches Calciumpräparat zur Nahrungsergänzung. Calciumcarbonat eignet sich ebenfalls, vor allem als Phosphorbinder bei Nierenerkrankungen. Nachteil: Calciumcarbonat reduziert die Magensäure, was bei Rohfütterung nicht unbedingt gut ist.

Sind Hühnerknochen nicht gefährlich?
Rohe Hühnerknochen sind nicht gefährlich, vorausgesetzt es ist noch ausreichend Fleisch dran und sie sind nicht von sehr alten Hühnern. Gekochte Hühnerknochen sind jedoch sehr gefährlich, weil sie sehr hart und trocken sind und scharfe Splitter bilden. Damit will ich nicht sagen, dass ein Hund an einem rohen Hühnerknochen nicht ersticken kann, aber ein Hund kann auch an einem Kauknochen oder an Trockenfutter ersticken.

Wie taue ich das Fleisch am besten auf?
Am besten lassen Sie tiefgefrorenes Fleisch langsam im Kühlschrank auftauen. Sie können das Fleisch auch bei Zimmertemperatur oder in kaltem Wasser auftauen lassen. Ich vergesse manchmal, das Fleisch rechtzeitig aus der Tiefkühltruhe zu holen und muss es dann im Warmwasserbad auftauen - das geht auch. Am besten ist es, das Fleisch NICHT im Gefrierbeutel aufzutauen, denn am Plastik sollen die meisten Bakterien kleben. Rohes Fleisch können Sie auch dann noch füttern, wenn es riecht oder verfärbt ist. Die Hunde mögen es gerne so und es ist ungefährlich, vorausgesetzt es wurde nicht luftdicht verschlossen. Gekochtes Fleisch dürfen Sie jedoch nicht alt werden lassen, das kann lebensgefährlich sein! Manche Hundebesitzer füttern Fleisch, wenn es noch teilweise gefroren ist; das kann Durchfall verursachen oder aber auch ganz unproblematisch sein; es ist von Hund zu Hund verschieden.

Mein Hund mag kein rohes Fleisch, warum?
Manchmal mögen Hunde, die mit Fertigfutter aufgezogen worden sind, erstmal nicht den Geschmack von rohem Fleisch. Meistens liegt es daran, dass der Geruch von frischem Fleisch nicht sehr intensiv ist im Gegensatz zu Fertigfutterprodukten, die extrem stark riechen und Lock- und Geruchsstoffe enthalten. Der Hund erkennt das Fleisch erstmal nicht als Futter. Wenn Ihr Hund am Anfang das Fleisch ablehnt, können Sie das Fleisch entweder kurz anbraten oder mit kochendem Wasser überbrühen, damit das Fleisch stärker riecht.

Soll das Fleisch gewolft oder in großen Stücken gefüttert werden?
Sie können das Fleisch entweder gewolft oder in großen Stücken füttern. Vorteile von gewolftem Fleisch: Es ist leichter Gemüse darunter zu mischen und es ist etwas leichter zu verdauen z. B. für Hunde mit einer Pankreasinsuffizienz. Vorteile von großen Stücken: Es pflegt die Zähne, der Hunde frisst langsamer und es ist länger haltbar, da weniger Sauerstoff dran kommt. Bei Hunden, die extrem schlingen, ist es ratsam, das Fleisch entweder gewolft zu füttern oder in so großen Stücken, dass sie kauen müssen. Unterschätzen Sie dabei bitte nie, welch große Stücke Fleisch ein Hund schlucken könnte. Z. B. ein 30-kg-Hund könnte ein Stück Fleisch bis zu 800-g-Größe herunterschlingen!

Gemüse und Obst

Gemüse und Obst stellen die zweite wichtige Grundlage der Rohernährung dar. Gemüse füttert man in erster Linie, um den Magen-Darm-Inhalt des Beutetieres zu ersetzen. Der Hund bekommt über das Obst und Gemüse Vitamine, Mineralien, Enzyme und zum Teil auch sekundäre Pflanzenstoffe. Eine weitere Aufgabe des pflanzlichen Anteils ist die Darmpflege bzw. -reinigung durch Faserstoffe. Die Faserstoffe sind auch wichtig um den Stuhl aufzulockern, damit es nicht zu Verstopfungen kommt. Bei Gemüse sollte viel Abwechslung stattfinden, am besten füttert man Saisongemüse, da dieses zusätzlich noch dem Rhythmus der Natur folgt.

Bei pflanzlichen Futtermitteln muss die Zellstruktur aufgeschlossen werden, da dem Hund die nötigen Enzyme dazu fehlen. Das macht man, indem man das Gemüse fein püriert oder leicht dünstet. Gemüse kann zum Fleisch oder als Einzelmahlzeit gefüttert werden. Obst kann ebenfalls zum Fleisch zusammen mit dem Gemüse gefüttert werden oder bei der Fütterung von Getreide eine vitaminreiche Beigabe sein. An Gemüse und Obst kann man im Prinzip alles füttern, grünes Blattgemüse sollte aber immer dabei sein. Wurzelgemüse kann hilfreich sein bei zu losem Stuhlgang; Blattgemüse, Kohlgemüse, Kürbisgemüse und Stengelgemüse wiederum bei Verstopfungen. Statt aufzulisten welche Gemüse- und Obstsorten Sie verfüttern können, liste ich lieber die Sorten auf, die Sie nicht bzw. nur in Kleinstmengen füttern sollten.

Nie füttern sollten Sie Avocados, Auberginen, rohe Bohnen, rohe Kartoffeln, Zwiebeln, Hülsenfrüchte, Rettich, Quitten und Holunderbeeren (roh); nur in Kleinstmengen können Sie Tomaten (nur reif!), Artischocken, Erbsen und stark ätherisches-Öl-haltige Küchenkräuter füttern. Knoblauch und Bärlauch können in kleinen Mengen gefüttert werden.

FAQ - häufig gestellte Fragen zu Gemüse und Obst

Mein Hund frisst sein Gemüse nicht - was soll ich tun?

Das kommt vor! Manche Hunde fressen nicht besonders gerne Gemüse. In so einem Fall versuchen wir, es ihnen etwas schmackhafter zu machen. Dazu kann man etwas zum Gemüse beifügen, das der Hund gerne frisst und das sich gut mit dem Gemüse mischen lässt, z. B. Leber mit dem Gemüse pürieren, Thunfisch, Käsestückchen, Hüttenkäse, Quark, Joghurt, Buttermilch oder Hackfleisch. Am Anfang kann man nur eine kleine Menge Gemüse zu den oben genannten Zutaten mengen oder man kann zu Fleisch/Knochen etwas feingehacktes Grünzeug mit einem Ei geben. Das Ei sorgt dafür, dass das Grünzeug am Fleisch klebt und so mitgegessen wird.

Sind Trauben und Rosinen nicht gefährlich für Hunde?

Es gibt Fälle, in denen Hunde Vergiftungen erlitten nach dem Genuss von Rosinen und/oder Trauben. Woran das liegt, ist noch nicht nachgewiesen worden. Es ist möglich, dass es sich um Trauben/Rosinen handelte, die mit Pestiziden oder Pilzmitteln behandelt worden waren. Aus diesem Grund muss ich zur Vorsicht bzw. Verzicht raten. Ich füttere meinen Hunden seit 25 Jahren immer wieder kleine Mengen Trauben/Rosinen und habe noch nie ein Problem dabei beobachtet oder je eine solche Vergiftung in meinem Umfeld erlebt. Juliette de Bairacli Levy sagte mir, dass sie in 70 Jahre Hundehaltung eine Vergiftung von Trauben/Rosinen nie bei ihren oder den Tausenden ihr bekannten Hunden erlebt hat. Fazit: Wenn Trauben/Rosinen, dann Bio und in Kleinstmengen (unter 5 g).

Ist Knoblauch nicht giftig für Hunde?

Knoblauch, Zwiebeln und auch Bärlauch enthalten Sulfurverbindungen, die das Enzym Glucose-6-phosphat-Dehydrogenase (G6PD), das die Zellwände der roten Blutkörperchen schützt, vermindern können. Werden Oxidantien dem Körper zugeführt, überwältigen diese Oxidantien die antioxidativen Fähigkeiten der roten Blutkörperchen, sie werden geschädigt und Heinzkörper werden gebildet. Setzt sich dieser Prozess ungehindert fort, kommt es durch die Verminderung der roten Blutkörperchen zur Anämie und das Tier könnte sterben. Das nennt man eine Heinzkörperanämie. Es gibt einige Studien, in denen festgestellt wurde, dass Zwiebelgewächse, insbesondere Zwiebeln und Knoblauch, für Hunde giftig sind. Wenn Sie sich die betreffenden Studien im Volltext durchlesen (Lee et al., 2000) (Hu et al., 2002; Yamato et al., 2003) (Cope, 2005), werden Sie feststellen, dass alles nicht ganz so schwarz/weiß ist.

In den Studien zu Zwiebeln entwickelten sich hämolytische Veränderungen nach Verabreichung von 15-30 g/kg Körpergewicht und erst eine toxische Wirkung nach Verabreichung von über 50 g/kg Körpergewicht (über 2 Tage) (Cope, 2005).

In der Studie zu Knoblauch (Lee et al., 2000) kam es zu „was aussah wie" Veränderungen der roten Blutkörperchen erst nach Verabreichung von über 5 g/kg Körpergewicht, es entwickelte sich allerdings bei KEINEM der Tiere eine hämolytische Anämie.
In meinem Futterplan empfehle ich 3 x wöchentlich eine Knoblauchzehe für einen 30-kg-Hund. Das sind 0,0001 % des Körpergewichts oder 0,1 g/kg Körpergewicht/3 x pro Woche. Oder auf die Woche bezogen 0,3 g/kg Körpergewicht.
Vergleiche die „toxische" Dosis von 5,0 g/kg Körpergewicht/täglich.
Oder auf die Woche bezogen 35,0 g/kg Körpergewicht.
Nach meinem Futterplan dürfte ein 30-kg-Hund 3 Knoblauchzehen pro Woche oder anders ausgedrückt 9,0 g Knoblauch pro Woche erhalten.
Toxisch wäre dagegen die mindestens 116-fache Menge – bei einem 30-kg-Hund **350** Knoblauchzehen oder anders ausgedrückt **1050 g** Knoblauch pro Woche.
Es ist nicht möglich, eine krankmachende Veränderung der roten Blutkörperchen bei der von mir empfohlenen Dosierung herbeizuführen!

Die gesundheitsfördernden Eigenschaften der Verabreichung von kleinen Mengen an Knoblauch überwiegen in diesem Fall.

Getreide

Getreide kann gefüttert werden, vorausgesetzt der Hund verträgt es. Futtermittelunverträglichkeiten sieht man am häufigsten bei Getreide, vor allem bei Weizen. Oft hängt die Unverträglichkeit mit dem Gluten, das in vielen Getreidesorten enthalten ist, zusammen. Der Hund braucht physiologisch nicht unbedingt Kohlenhydrate als Energielieferant, denn er bezieht seine Energie in erster Linie aus Fett und zum Teil aus Eiweiß. Möchte man aber Getreide füttern und verträgt es der Hund, dann liefern Kohlenhydrate schnelle Energie, vor allem von Bedeutung für Leistungshunde. Getreide macht auch dick, denn die enthaltene Stärke wird schnell in Glycogen verwandelt, das als Glucose im Körper gespeichert und, wenn die Speicher voll sind, in Fett verwandelt wird. Bei gesunden Hunden ist Getreide in **geringen** Mengen sicherlich nicht schädigend.

FAQ - häufig gestellte Fragen zu Getreide

Sollte man Getreide füttern?
Das Füttern von Getreide ist unter den Rohfutterexperten noch eine sehr umstrittene Sache. Meine Meinung dazu: Getreide kann man, muss man aber nicht füttern, und in bestimmten Fällen sollte man Getreide komplett meiden. Nach meiner Erfahrung gibt es Hunde, die Getreide sehr gut vertragen und sogar sehr gerne essen, und andere, die gar nicht mit Getreide zurechtkommen. Auf keinen Fall sollte man Getreide in den Mengen (60-90 %) füttern, die bei Fertigfutter üblich sind. Der hohe Getreideanteil ist einer der Hauptnachteile von Fertigfutter. Wenn Getreide, dann Vollkornflocken oder Schrot, über Nacht in kaltem Wasser eingeweicht oder gekocht. Auf keinen Fall sollte man Getreide füttern bei: Krebserkrankungen, Allergien (insbesondere Futtermittelallergien), Gelenkerkrankungen, Epilepsie und Hefepilzbefall. Was gegen Getreide spricht: Es ist eigentlich kein natürliches Futter für Hunde, es führt oft zu Unverträglichkeiten, kann blähen und macht dick.

Welche Getreidesorten sind empfehlenswert?
Besonders gut sind naturbelassene Getreidesorten wie Amaranth, Quinoa, Hirse und Dinkel. Gerste, Hafer, Polenta und Roggen können bei Verträglichkeit auch gefüttert werden, Weizenkleie in kleinen Mengen liefert wichtige Faserstoffe zur Darmpflege. Folgende Getreidesorten sind glutenfrei: Amaranth, Buchweizen, Hirse, Mais, Quinoa und Reis. Weitere glutenfreie, kohlenhydrathaltige Lebensmittel sind Kartoffeln, Sesam und Soja.

Warum wird empfohlen, Fleisch und Getreide zu trennen?
Das Mischen von Fleisch und Getreide kann Blähungen oder andere Verdauungsstörungen verursachen, und zwar wegen der unterschiedlichen Verdaulichkeit dieser Nahrungsmittel. Aus diesem Grund ist es empfehlenswert, Fleisch und Getreide zu trennen.

Milchprodukte

Milchprodukte sind zwar keine in der Natur vorkommenden Nahrungsmittel für Caniden, können aber eine gute alternative Fett- und Eiweißquelle bei der Rohfütterung bieten.
Bei der Verfütterung von reiner Milch bekommen viele Hunde Durchfall, da sie nicht mehr das Enzym Laktase haben um die Laktose in Milch zu verstoffwechseln. Interessant ist, dass Hunde, die vom Welpenalter an regelmäßig Milch bekommen haben, sie meist sehr gut vertragen. Möchten Sie Milch in Ihren Ernährungsplan einbinden, dann wäre Ziegenmilch (unbehandelt) die am besten geeignete Milch, da sie besonders vitaminreich, fettreich und leichter verdaulich ist.

Hochwertige Milchprodukte wie Buttermilch, Joghurt oder Dickmilch liefern zusätzlich noch lebende Kulturen, die dem Darm zugute kommen, vor allem nach Durchfallerkrankungen oder Antibiotikagaben. Zusätzlich sind sie reich an Vitamin A und D. Milchprodukte sind ein gutes Mittel um Getreide- und Gemüsemahlzeiten schmackhafter zu machen.

Frischkäse bzw. körniger Frischkäse ist eine gut verträgliche Zutat mit verhältnismäßig wenig Fett. Hart- und Weichkäse bieten eine Alternative zu gebackenen Hundeleckerlis, werden aber in großen Mengen oft nicht gut vertragen.

Quark ist sehr fettreich, wird gut vertragen und kann hilfreich sein bei Hautproblemen und um einem mageren Hund zur Gewichtszunahme zu verhelfen.

Butter kann in kleinen Mengen als Fettlieferant und Geschmacksverbesserer gefüttert werden. Ghee (geklärte Butter) ist besser verträglich als normale Butter und wird oft an Schlittenhunde verfüttert, da diese Hunde extrem hohe Mengen an Fett brauchen um Hochleistungen erbringen zu können.

Fazit: Milchprodukte können, müssen aber nicht verfüttert werden. Immer mit kleinen Mengen anfangen, um die Verträglichkeit zu testen. Nicht mehr als 5 % der Gesamtration, bzw. bei Welpen bis zu 10 %.

Öle und Fette

Die Omega-3- und Omega-6-Fettsäuren gehören zu den essentiellen Fettsäuren für den Hund. Das heißt, der Hundekörper kann diese Fettsäuren nicht selbst herstellen und muss sie deshalb über die Nahrung aufnehmen. Durch die Fütterung von Fleisch mit Fett bekommt der Hund eigentlich genug Omega-6-Fettsäuren, also sollte man zur Nahrungsergänzung Öle mit einem hohen Omega-3-Fettsäuregehalt nutzen. Fischöl, Hanföl und Leinsamenöl haben den höchsten Prozentsatz an Omega-3-Fettsäuren, wobei Fischöle reich an Eicosapentaensäure (EPA) und Docosahexaensäure (DHA) sind. Der Hund kann aus alpha-Linolensäure EPA nur bedingt und DHA gar nicht synthetisieren, daher ist eine Zufuhr von diesen Fettsäuren unumgänglich. Das erste Anzeichen für einen Fettsäuremangel beim Hund ist ein schlechtes Haarkleid oder Juckreiz. Oft hilft es schon, wenn man die Omega-3-Fettsäuren ergänzt. Wie kann es sein, dass der Hund eine Beigabe von Omega-3-Fettsäuren braucht? In der Natur gibt es für Caniden auch keine Ölbeigabe. Eine Erklärung könnte sein, dass das Fleisch was wir füttern oft einen sehr geringen Gehalt an Omega-3-Fettsäuren hat, bedingt durch die minderwerte Ernährung der Masttiere. Das Fleisch von Freilandtieren enthält ein Mehrfaches an Omega-3-Fettsäuren als das Fleisch von Masttieren. Bei Wild ist der Omega-3-Fettsäuren-Gehalt noch höher!

Fettsäuren	Maultierhirsch	Elch	Bison	Weiderinder	Mastrinder
Gesättigt	972	664	421	933	2028
Einfach ungesättigt	732	508	444	754	2114
Mehrfach ungesättigt	463	399	182	191	291
Omega-6	359	343	156	139	275
Omega-3	104	56	26	52	16

Quelle: Nutritional Content of Game Meat, College of Agriculture, University of Wyoming

Ein Öl, das ich gerne wegen seines hohen Gammalinolensäuregehalts einsetze, ist Borretschöl. Gammalinolensäure (GLS) wird durch ein körpereigenes Enzym aus der ungesättigten Linolsäure, die dem Körper über die Nahrung zugeführt wird, gebildet. Funktioniert dieses Enzym nicht optimal oder enthält die Nahrung nicht genügend Linolensäure, kann GLS nicht in ausreichenden Mengen gebildet werden. Dadurch wird die Hautfunktion stark beeinträchtigt, denn GLS ist nicht nur ein wichtiger Bestandteil der Haut, sondern dient auch als Vorstufe für die Bildung wichtiger Gewebshormone. Ein solches Gewebshormon ist Prostaglandin E 1, von dem bekannt ist, dass es entzündungshemmende und juckreizmindernde Eigenschaften besitzt. GLS senkt darüber hinaus den Blutdruck, lindert übermäßige Blutverklumpung, kann Ekzeme lindern und vermindert abnorme Zellentwicklung (Krebs). Schwarzkümmel-, Nachtkerzen- und Hanföl enthalten auch Gammalinolensäure, aber Borretschöl ist mit einem Anteil von 20-24 % GLS die beste Wahl. Interessant: Gammalinolensäure findet man auch in Muttermilch!

Weitere Öle, die man füttern kann, sind Distelöl, Olivenöl, Maisöl und Sonnenblumenöl, wobei diese Öle nicht so reichhaltig an Omega-3-Fettsäuren sind.

Kräuter

Sind Sie nicht in der Lage Kräuter selbst zu züchten oder zu sammeln, gibt es gute Kräutermischungen im Handel. Einige sind sinnvoll und von guter Qualität, andere bewirken eher einen teuren Stuhlgang. Beim Einkauf sollten Sie sehr auf Qualität achten, denn heute ist der Ergänzungsfuttermittelmarkt ein großes Geschäft. Es gibt inzwischen viele Billiganbieter mit Ware aus Ländern wie China, die wenig bis keiner Regulierung und Schadstoffkontrollen unterzogen wird. Oft ist die Billigware letztendlich teurer, da man anstatt dem Körper zur Gesundheit zu verhelfen, ihn mit noch mehr Schwermetallen und Giften belastet. Lassen Sie sich nicht mit Werbeslogens wie „Zertifiziert nach ISO XYZ“ verwirren, solche Zertifikate sagen gar nichts über die Qualität der Ware aus. Fragen Sie nach Herkunft und Analysen der Ware. Aussagen wie „wir nehmen das XY selber“ sind unseriös. Ein guter Hersteller kann offen sagen, wo seine Ware herkommt und Analysezertifikate vorlegen. Da man von hochwertigen Produkten viel weniger braucht, sind sie im Endeffekt nicht teurer im Gebrauch als Billigprodukte.

Kräuter können durchaus als sinnvolle Nahrungsergänzung dienen, sind aber auch zum Teil Arzneimittel, mit denen man umsichtig hantieren sollte. Kräuter mit starker Heilwirkung sollten nur als Kur gefüttert werden, um eine Gewöhnung des Körpers oder gar eine Überdosierung zu verhindern. Es gibt bei Kräutern sehr große Qualitätsunterschiede; von Industriequalität (für Kosmetika und Seifen) bis zu Arzneiqualität, die sich zur Nahrungsergänzung oder als Heilmittel eignet. Sie sollten sich von der Qualität Ihres ausgewählten Produktes überzeugen oder eine Kräutermischung selbst zusammenstellen aus Kräutern aus der Apotheke. Alternative gibt es hochwertige Kräutermischungen von Herstellern, die kontrollierte Ware in Lebensmittel- bis Arzneiqualität anbieteten. Echte Bioprodukte sind mit einer Öko-Zertifizierungsnummer gekennzeichnet.

Kräuter sind eine gute Quelle für Mineralien und Vitamine. Z. B. ist die Hagebutte eine der Vitamin C-reichsten Pflanzen überhaupt.
Alfalfa enthält die Vitamine A, B1, B6, B12, C, D, E, K und U, Beta-Karotin, Pantothensäure, Biotin, Folsäure sowie Calcium, Phosphor, Kalium, Magnesium, Eisen, Zink, Kupfer, Aminosäuren und Spurenelemente. Es hilft bei der Geweberegeneration, wirkt antibakteriell, hilft bei der Entgiftung, Darmproblemen, Diabetes und Arthrosen.
(siehe auch den Beitrag zu Alfalfa auf Seite 11)

Oft stellt sich die Frage, wie man die verschiedenen Wildkräuter neben der Futterergänzung noch verwenden kann. Eine schöne Möglichkeit ist die Herstellung von Salben. In unserem Breitengrad wachsen viele Heilkräuter, die sich zur Salbenherstellung bestens eignen wie zum Beispiel Vogelmiere, Johanniskraut, Beinwell, Wegerich und Rosskastanie.
Unter **www.barfers.de** finden Sie weitere Infos zu Kräutern, Nahrungsergänzungsmitteln sowie Termine von BARF- und Kräuterseminaren.

Kräuterzubereitungsformen

Wässerige Auszüge

Aufguss: Geeignet für Kräuter, deren Inhaltsstoffe sich beim Kochen zersetzen oder verflüchtigen, insbesondere Blüten, Blätter und Samen.
Kraut mit siedendem Wasser übergießen, 8 – 15 Minuten ziehen lassen, absieben.
Abkochung: Geeignet für härtere Kräuterteile (Rinden, Wurzeln, Hölzer) und Pflanzen mit langsam löslichen Inhaltsstoffen. Droge mit kaltem Wasser ansetzen, erhitzen bis zum Sieden, mindestens 10 – 15 Minuten.
Kaltauszug: Zerkleinertes Kraut mit Wasser (Raumtemperatur) ansetzen und mindestens 30 Minuten (besser über Nacht) stehen lassen. Gelegentlich umrühren.

Alkoholische Auszüge

Tinkturen: Auszüge, die in der Regel mit Ethanol hergestellt werden. Ein Teil Kraut mit fünf Teilen Extraktionsflüssigkeit. Bei Pflanzen mit stark wirksamen Inhaltsstoffen wäre ein besseres Verhältnis 1:10.
Extrakte: Auszüge, die teilweise oder vollständig vom Extraktionsmittel befreit wurden. Extrakte enthalten in der Regel keine Schleimstoffe, Pektine oder Proteine, so dass die wirksamen Bestandteile meistens konzentrierter sind als in wässrigen Auszügen. Die Extraktion ergibt ein Flüssig- oder Trockenextrakt, abhängig von der enthaltene Restmenge an Lösungsmittel.

Sonstige Zubereitungen zum innerlichen Gebrauch

Sirupe: Konzentrierte Zuckerlösungen mit Pflanzenauszügen.
Presssäfte: Meistens mittels Entsafter hergestellt – ansonsten wird die Droge zerkleinert und durch ein Leinentuch gepresst.
Pulver: Fein gemahlene Kräuter, die man in Kapseln, Pillen oder mit dem Essen zu sich nehmen kann. Bei Tieren unter das Futter mischen.

Rezept: Schnelle Vogelmiere-Salbe

bei juckenden Hautauschlägen & Ekzemen

Vogelmierenkraut (24 Std. trocknen lassen um Wassergehalt zu reduzieren)
100 ml Oliven- oder Hanföl
12 g Bienenwachs

Das Bienenwachs mit dem Öl bis zum Schmelzpunkt vorsichtig erhitzen, gehacktes Vogelmierenkraut einrühren. Mischung in einem Steingut- oder Glas-Gefäß im Backofen 2-3 Stunden erwärmen (70-100° C). Absieben und in Salbendose oder -gläschen abfüllen und abkühlen lassen. Die fertige Salbe beschriften, kühl und trocken lagern.

Sonstige Futtermittel

Fisch

Fisch ist ein durchaus geeignetes Hundefutter und ist besonders reich an Omega-3-Fettsäuren. Thunfisch aus der Dose kann auch gefüttert werden, es ist jedoch ratsam, ihn vorher gut abzuspülen wegen der Öle und Salze, mit denen er meist zubereitet wird. Bei selbstgefangenen Fischen darauf achten, dass der Angelhaken entfernt wurde!
Leider ist Fisch heutzutage oft sehr schadstoffbelastet, so dass Sie sicherstellen sollten, dass der Fisch aus sauberen Gewässern stammt. Vorsicht bei Pazifischem Lachs - er ist oft mit Rickettsien infiziert, die für den Hund gefährlich sind.

Eier

Rohes Eiweiß enthält Avidin, welches das Vitamin Biotin zerstört. Das ist aber unwesentlich, wenn das Eigelb mitverfüttert wird, da der hohe Biotingehalt des Eigelbs die Avidinwirkung übertrifft. Eier sind hochverdaulich und gute Eiweißlieferanten für Hunde in der Rekonvaleszenz. Ganze Eier sind außerdem sehr calciumreich, wenn man die Schale mitfüttert. Eierschalen haben einen Calciumgehalt von 37 %, eine Eierschale wiegt 6-7 g.

Essensreste

Ein gesunder Hund verträgt fast jede Nahrung, darum spricht nichts dagegen, dem Hund ab und zu Essensreste zu verfüttern. Essensreste sollten jedoch nicht zu einem Großteil der Nahrung für Ihren Hund werden. Vorsicht bei stark zuckerhaltigen Lebensmitteln, stark gewürzten Gerichten oder Gerichten mit Zwiebeln, da ist der Kompost vielleicht die bessere Alternative. Bei Welpen erst ab der 9. Woche.

Leckerli

Das Leckerli-Problem! Jahre habe ich gebraucht, um meinen Freunden beizubringen, dass sie nicht immer irgendwelche Hundeleckerlis mitbringen sollen. Heute kommen sie mit selbst gebackenen Keksen oder warten, bis ich ein paar Würfel Fleisch geschnitten habe. Meine Hunde würden sich zwar über den Besuch auch ohne Leckerli sehr freuen, aber es scheint in der Natur des Menschen zu liegen, jedes Tier füttern zu wollen.

Es gibt bei der BARF-Ernährung genug Möglichkeiten gesunde Leckerlis zu füttern. Als Belohnungshäppchen beim Training sind Käsewürfelchen bestens geeignet. Herz und Leber lassen sich auch schön in kleine Würfelchen schneiden, allerdings koche ich sie leicht ab, damit sie nicht an den Fingern kleben und so beim Training leichter verabreicht werden können. Als Leckerli für zwischendurch eignet sich auch ein Stückchen Obst, Nüsse oder kleine Stücke Fleisch. Es gibt auch viele Rezepte für Hundekekse zum Selberbacken, sogar getreidefrei. Sie können auch Fleischstreifen oder -würfel schneiden und trocknen, so sind sie recht lange haltbar.

Wasser

Etwa 70 % des Hundekörpers besteht aus Wasser. Wasser wird bei allen Zellfunktionen gebraucht z. B. zum Nährstofftransport im Körper, um Abfallprodukte abzutransportieren und um die Körpertemperatur zu regulieren. Ihr Hund sollte stets frisches, sauberes Wasser zur Verfügung haben. Hunde regulieren ihre Körpertemperatur mit Wasser, da sie nicht schwitzen, und können bereits nach 48 Stunden ohne Wasser irreparable Organschäden erleiden.

Vorsicht mit dem Gartenteich, oft sind kleine, stille Außengewässer eine Brutstätte für Einzeller, an denen der Hund erkranken kann. Auch Pfützen können Erreger und Bakterien wie Leptospiren beherbergen. Ein gesunder Hund wird mit den meisten dieser Erreger gut fertig, trotzdem sollte er jeden Tag sauberes Wasser bekommen. Der Napf sollte aus Edelstahl oder Keramik sein, viele Hunde trinken z. B. gerne aus Näpfen, die aus mit effektiven Mikroorganismen behandeltem Ton hergestellt worden sind.

Der Bedarf an Wasser variiert stark, je nach Außentemperatur, Aktivität, Gesundheitszustand und Nahrung. Da das Rohfutter bis zu 75 % Wasser enthält, trinken die meisten Hunde nach der Umstellung auf BARF wesentlich weniger.

Vitamine

Vitamin A

Vitamin A (Retinol) gehört zur Gruppe der fettlöslichen Vitamine. Der Ursprung aller Formen von Vitamin A sind Carotinoide, die von Pflanzenzellen synthetisiert werden. Carotinoide sind dunkel-rote Pigmente, die vielen Pflanzen ihre gelbe bis orange Farbe verleihen. Wenn Tiere die Carotinoide in Pflanzen zu sich nehmen, werden diese Carotinoide (auch Provitamin A genannt) im Darm durch Enzyme in aktives Vitamin A konvertiert. Wie gut die Carotinoide in Vitamin A umgewandelt werden können, hängt von ihrer Struktur ab. Die günstigste Struktur weist Beta-Carotin auf. Das aktive Vitamin A wird dann hauptsächlich in der Leber gespeichert.

Carotinoide und Vitamin A sind in der Nahrung hauptsächlich in einer bestimmten Form von Fetten (Estern) vorhanden. Dadurch ist ihre Resorption eng mit dem Fettstoffwechsel verbunden. Beim Hund liegt Vitamin A überwiegend als Ester vor, der von Lipoproteinen transportiert wird. Entsprechend schwanken die Werte im Blutserum erheblich in Abhängigkeit von der Zufuhr. Hunde können, im Gegensatz zu Katzen, Beta-Carotin in aktives Vitamin A umwandeln.

Beta-Carotin ist am häufigsten in pflanzlichen Lebensmitteln vorhanden und hat die höchste biologische Aktivität aller Carotinoide. Aktives Vitamin A ist in Lebensmitteln tierischer Herkunft enthalten, wie z. B. Leber, Fischöl, Lebertran, Eier und Milch. In Milch kommt das Retinol vorwiegend im Rahm vor, so dass Magermilch nur noch wenig Vitamin A enthält. Vitamin A und Carotinoide sind sehr empfindlich gegenüber Licht, Sauerstoff und Säuren, wodurch sie ihre biologische Wirksamkeit verlieren. Falsche Lagerung und Zubereitung können die Bioverfügbarkeit von Vitamin A und Carotinoiden halbieren. Um die Bioverfügbarkeit von Beta-Carotin möglichst zu erhöhen, sollten z. B. Karotten entweder püriert, in Saft verarbeitet oder leicht gedämpft sein, damit die Zellen aufgeschlossen werden. Rohe, unzerkleinerte Zellen werden zum größten Teil wieder ausgeschieden und mit ihnen die Carotine. Die Bioverfügbarkeit von Vitamin A wird außerdem noch positiv beeinflusst durch die gleichzeitige Zufuhr von Fetten und Antioxidantien. Große Mengen an Carotinoiden werden schlechter verwertet als kleinere Mengen. Bei einer Diät mit hohem Proteingehalt bedarf es mehr an Vitamin A und Tiere, die an Leber-, Pankreas- und Nierenerkrankungen oder Infektionen leiden, haben ebenfalls einen erhöhten Bedarf.

Vitamin A ist als Bestandteil des Sehpurpurs am Sehvorgang beteiligt. Es erhöht die Infektabwehr der Schleimhäute, schützt sie vor Verhornung und hat daher eine Epithelschutzfunktion. Vitamin A und Beta-Carotin erleichtern die Produktion von Antikörpern in den weißen Blutkörperchen und erhöhen so die Zahl und die Wirksamkeit der weißen Blutkörperchen gegen Infektionen. Auch in der Eiweißsynthese spielt Vitamin A eine wichtige Rolle. Darüber hinaus ist Vitamin A beteiligt an der Plazenta- und Embryonalentwicklung sowie an der Spermienproduktion und spielt damit eine Rolle bei der Fortpflanzung.

Das im Organismus aus Vitamin A gebildete Retinol reguliert Wachstum und Aufbau von Haut, Schleimhäuten, Lymphgefäßen, Geschlechtszellen, Zähnen und Knochen. Beta-Carotin erhöht außerdem die zelluläre und humorale Immunantwort nach Impfungen bei Hunden. Carotinoide fungieren auch als Radikalfänger und besitzen somit zusätzlich eine krebsvorbeugende Funktion. Nach der Absorption wird Vitamin A über die Blutbahn in die Gewebe und Speicherorgane (Leber, Niere) transportiert.

Vitamin A-Bedarf

Der Hund braucht im Erhaltungsstoffwechsel 75–100 IE Vitamin A pro kg Körpermasse pro Tag. Das ergibt z. B. 2250–3000 IE Vitamin A pro Tag für einen 30 kg schweren, ausgewachsenen Hund. Welpen, ältere, kranke, hochtragende oder laktierende Hündinnen sollten 250 IE/kg KM/Tag erhalten oder 7500 IE Vitamin A pro Tag für den 30 kg schweren Hund. Weitere Faktoren, die den Vitamin A-Bedarf erhöhen, sind Stress, Umweltverschmutzung, Entzündungen, Diabetes und Schilddrüsenunterfunktion.

Vitamin A-Mangel

Eine Unterversorgung mit Vitamin A kann auf Dauer bei erwachsenen Hunden zu Unfruchtbarkeit, Bindehautentzündungen, Hornhauttrübungen, Infektionsanfälligkeit, Knochenstoffwechselstörungen sowie Hörausfall, Hautläsionen und Nervschädigungen führen. Bei Hunden im Wachstum führt ein Vitamin A-Mangel schneller zu solchen Ausfällen und verursacht zudem noch Wachstumsstörungen, Knochenentwicklungsstörungen sowie schlechte Futteraufnahme. Bei trächtigen Hündinnen kann eine Unterversorgung Missbildungen oder Schwäche der Welpen und Totgeburten zur Folge haben.

Vitamin A-Überdosierung

Da Vitamin A ein fettlösliches Vitamin ist, wird es bei einer Überversorgung nicht ausgeschieden, sondern im Körper gespeichert. Allerdings liegt die Grenze der Vitamin A-Toleranz bei Hunden wegen der besonderen Bindungsform im Blut wesentlich höher als bei anderen Spezies. Symptome einer Vitamin A-Hypervitaminose sind u. a. Appetitlosigkeit, Gelenkschmerzen, geringe Gewichtszunahme, Störungen in der Entwicklung der langen Knochen, Läsionen der Arterien und des Herzens, Abbau der Knochensubstanz und Missbildungen bzw. Gaumenspalten bei ungeborenen Welpen. Eine Hypervitaminose mit Vitamin A kann nur bei der Zufuhr von aktivem Vitamin A auftreten. Carotinoide werden bei ihrer Umwandlung zu Retinol reguliert und dem Bedarf des Körpers angepasst.

Vitamin A und Beta-Carotin in Lebensmitteln

Vitamin A kommt ausschließlich in tierischen Lebensmitteln vor. Leber und Lebertran sind besonders reich an Vitamin A, aber auch Eier, Milch und Käse sind gute Quellen.

Beta-Carotin findet man in pflanzlichen Lebensmitteln, vor allem in Süßkartoffeln, Karotten, Spinat, Pfirsichen, Löwenzahn, Alfalfa, Petersilie, Brennesseln, Kresse, Brokkoli, Amaranth, Chicoree und Kohl.

Vitamin B

Die B-Komplex-Vitamine sind wasserlösliche Vitamine, die zusammengruppiert worden sind, weil sie alle ähnliche metabolische Funktionen und Vorkommen in Lebensmitteln haben. Sie werden nicht oder nur geringfügig im Köper gespeichert und müssen deswegen regelmäßig durch die Nahrung oder durch zusätzliche Mittel ergänzt werden. Diese Vitamine sind in ihrer Funktion als Coenzyme am Energiestoffwechsel und der Gewebesynthese beteiligt. Coenzyme sind Substanzen, die an Enzymreaktionen beteiligt sind. Viele Coenzyme enthalten als Bestandteil ihrer Struktur Vitamine, ohne die die Coenzyme wiederum nicht richtig „arbeiten" können. Da sie zusammenwirken, sind die Vitamine der B-Gruppe effektiver, wenn sie kombiniert (B-Komplex) statt einzeln genommen werden.

Vitamin B1 (Thiamin)

Spielt eine wichtige Rolle im Kohlenhydratstoffwechsel. Hilft bei der Verdauung, der Produktion von Salzsäure im Magen und der Darmperistaltik. Sorgt für normale Funktion des Nervensystems, der Muskeln und des Herzens. Der Bedarf ist erhöht bei Hunden mit Schilddrüsenunterfunktion, laktierenden Hündinnen und bei Hunden im Wachstum. Hilft außerdem bei Reisekrankheit und bei der Behandlung von Herpesvirus bei Welpen.
Äußerst hitzeempfindlich! Bis zu 74 % des Thiamins wird durch Erhitzen zerstört.

Mangelerscheinungen: Koprophagie, Appetitlosigkeit, Störungen des Zentralnervensystems, Muskelschwäche, Herzvergrößerung, Nervenerkrankungen

Quellen: Mageres Schweinefleisch, Rindfleisch, Leber, Weizenkleie, Vollkornerzeugnisse, Erdnüsse, Gemüse, Milch, Eigelb, Fisch

Bedarf: 20 Mikrogramm/kg Körpergewicht/Tag oder 270 Mikrogramm/1.000 kcal ME

Vitamin B2 (Riboflavin)

Riboflavin ist ein Bestandteil zweier Coenzyme und übernimmt wichtige Funktionen im Kohlenhydrat-, Fett- und Proteinstoffwechsel. Wichtig für Wachstum und Fortpflanzung, gesunde Haut, Haarkleid, Krallen und Sehvermögen. Hilft bei der Heilung von Hautläsionen. Wird sehr leicht durch Lichteinwirkung zerstört.

Mangelerscheinungen: Läsionen der Lefzen, gespaltene Krallen, Gewichtsverslust, schlechte Muskulatur, trockene, schuppige Haut, vermehrtes Haaren, fettiges Haar, Koprophagie, Krämpfe der Hinterhand, rote, juckende Augen

Quellen: Leber, Niere, grünes Blattgemüse, Eier, Fisch, Joghurt

Bedarf: 50 Mikrogramm/kg Körpergewicht/Tag

Vitamin B3 (Niacin, Nicotinsäure, Niacinamid, Nicotinsäureamid)

Hilft beim Fettstoffwechsel, fördert ein gesundes Verdauungssystem, lindert Störungen von Magen und Darm. Wichtig für gesunde Haut. Spielt eine wichtige Rolle in der Glykolyse. Glykolyse ist ein Sammelbegriff für eine Reihe enzymatischer Reaktionen, in denen Glukose in kleinere Fragmente gespalten wird. Der Körper kann selbst Niacin bilden mit Hilfe der Aminosäure Tryptophan, vorausgesetzt es werden genügend hochwertige tierische Eiweiße in der Nahrung zugeführt. Sehr wichtig für die Synthese der Sexualhormone, ebenso für Cortison, Thyroxin und Insulin. Fördert den Kreislauf, reduziert Cholesterin, notwendig für ein gesundes Nervensystem und für gesunde Hirnfunktionen. Getreideprodukte beinhalten viel Niacin, aber es ist gebunden und deswegen für den Hund nicht verwertbar. Niacin ist sehr hitzebeständig.

Mangelerscheinungen: Anämie, vermehrter Speichelfluss, Unterzucker, Dermatitis, Durchfall, Demenz und bei extremem Mangel Tod. Gleichzeitig besteht ein B1-, B6- und Folsäure-Mangel. Erste Anzeichen sind Hautveränderungen, Durchfall und Appetitlosigkeit. Beim Hund auch „black tongue disease"

Quellen: Fisch, mageres Rindfleisch, Bierhefe, Leber, Milch, Weizenkeime, Eier, weißes Geflügelfleisch

Bedarf: 225 Mikrogramm/kg Körpergewicht/Tag

Vitamin B5 (Pantothensäure, Panthenol, Calciumpantothenat)

Bekämpft Infektionen durch die Bildung von Antikörpern. Verringert die nachteiligen und giftigen Wirkungen vieler Antibiotika. Hilft bei der Wundheilung, beim Zellaufbau, bei Erschöpfungszuständen, sorgt für normales Wachstum und für die Entwicklung des zentralen Nervensystems und die normale Funktion der Nebennieren. Wichtig für die Umwandlung von Fett und Zucker in Energie. Notwendig für die Synthese von Antikörpern, für die Verwertung von PABS (Paraaminobenzoesäure) und Cholin.

Mangelerscheinungen: Unwahrscheinlich. Frühzeitiges Ergrauen, Gastritis, Haarausfall, niedriger Blutzucker, Addisons, verminderte Antikörperbildung, Verschlechterung allergischer Symptome

Quellen: Fleisch, Niere, Leber, Herz, Hühnerfleisch, Getreidekörner, Weizenkeime, Kleie, grüne Gemüsesorten, Bierhefe, Nüsse

Bedarf: 200 Mikrogramm/kg Körpergewicht/Tag

Vitamin B6 (Pyridoxin)

Hilft bei der Absorption und Umwandlung vieler Aminosäuren. Wichtig für Eiweiß- und Fettaufnahme. Erforderlich für die Produktion von Salzsäure und Magnesium. Hilft bei der Umwandlung von Tryptophan in Niacin. Fördert die richtige Synthese der Nukleinsäure Taurin und L-Carnitin. Muss für die Produktion von Antikörpern und roten Blutkörperchen vorhanden sein. Notwendig für die richtige Aufnahme von Vitamin B12. Der Bedarf steigt bei einer Ernährung mit überhöhtem Eiweißanteil sowie bei Eiweißmangel.

Mangelerscheinungen: Unwahrscheinlich. Wachstumsstörungen, Anorexie, Herzerkrankungen, Anämie, hohe Serum-Eisenwerte

Quellen: Leber, Fisch, Eier, Hafer, Erdnüsse, Bierhefe, Weizenkleie, Weizenkeime, Reis

Bedarf: 22 Mikrogramm/kg Körpergewicht/Tag (AAFCO empfiehlt 1mg/kg Nahrung)

Vitamin B12 (Cobalamin)

Als einziges von den wasserlöslichen Vitaminen kann es im Körper gespeichert werden und enthält als einziges Vitamin Spuren von essentiellen Mineralstoffen (Cobalt). Wird durch den Magen nur mit Hilfe von Salzsäure aufgenommen und braucht Calcium, um vom Körper richtig verwertet zu werden. Hilft Fette, Kohlenhydrate und Eiweiße richtig zu verwerten. Bildet und regeneriert rote Blutkörperchen, beugt Anämien vor. Steigert Wachstum und Appetit. Erhält ein gesundes Nervensystem. Mildert Reizbarkeit und steigert die Energie. Lichtempfindlich aber wenig hitzeempfindlich.

Mangelerscheinungen: Unwahrscheinlich. Anämie, Müdigkeit, neurologische Störungen

Quellen: Leber, Innereien, alle Fleischsorten, Milch, Käse, Hefe

Bedarf: 0,5 Mikrogramm/kg Körpergewicht/Tag

Vitamin B13 (Orotsäure)

Sorgt für die Verwertung von Folsäure und Vitamin B12. Hilft im zellinternen Zellstoffwechsel, essentiell für DNS-Stoffwechsel, regeneriert geschädigte Leberzellen, verhindert die Bildung von Krebsgeschwülsten, entwickelt krebshemmende Substanzen, ist Schlepper für Magnesium, steigert die Blutzellbildung im Knochenmark.

Mangelerscheinungen: Müdigkeit, Arterienverkalkung

Quellen: vor allem Milchprodukte, Leber, Wurzelgemüse

Bedarf: nicht bekannt

Vitamin B15 (Pangamsäure, Dimethylglycyl, DMG)

Pangamsäure regt den Sauerstoffumsatz in den Gewebezellen an, verbessert die Sauerstoffversorgung vor allem bei erhöhter Muskeltätigkeit und vermindert Müdigkeitserscheinungen. Unterstützt den Leberstoffwechsel. Antioxidative Wirkung.

Mangelerscheinungen: nicht bekannt

Quellen: Bierhefe, unpolierter Reis, Vollkorn, Kürbiskerne, Sesamsamen

Bedarf: nicht bekannt

Vitamin B17 (Amygdalin, Laetril)

Amygdalin ist eigentlich kein Vitamin sondern eine Verbindung aus zwei Zuckermolekülen: Benzaldehyd und Cyanid. Es soll krebshemmende Eigenschaften besitzen.

Mangelerscheinungen: nicht bekannt

Quellen: vor allem Aprikosenkerne, aber auch Kirsch-, Nektarinen-, Pfirsich-, Pflaumen- und Apfelsamen bzw. -kerne

Bedarf: nicht bekannt

Cholin

Wirkt zusammen mit Inosit bei der Verwertung von Fetten und Cholesterin. Entgiftend und leberstoffwechselunterstützend. Die Cholin-Verwertung des Körpers ist abhängig von

Vitamin B12, Folsäure und der Aminosäure L-Carnithin.

Mangelerscheinungen: Arterienverhärtung, möglicherweise Leberverfettung

Quellen: Eigelb, Innereien, grünes Blattgemüse, Hefe, Vollkornprodukte

Bedarf: 25 Milligramm/kg Körpergewicht/Tag

Folsäure (Folacin, Folat)

Ist für Wachstum, Zellteilung sowie Produktion von DNS und RNS wichtig. Steigert den Milchfluss bei stillenden Müttern. Schützt gegen Darmparasiten und vor Lebensmittelvergiftungen. Beugt Anämien vor. Wichtig für den Aufbau der roten Blutkörperchen. Hilft beim Eiweißstoffwechsel. Notwendig für die Verwertung von Zucker und Aminosäuren.

Mangelerscheinungen: Anämie, Anorexie, Gewichtsverlust, geschwollene Zunge

Quellen: Leber, Niere, Spinat, Spargel, Karotten, Eigelb, Kürbis, Avocado, Bohnen, dunkelgrünes Blattgemüse

Bedarf: 4 Mikrogramm/kg Körpergewicht/Tag

Biotin (Coenzym R oder Vitamin H)

Lindert Muskelschmerzen, Ekzeme und Hautausschlag. Wichtig für die Synthese von Fetten, Proteinen und Vitamin C. Wichtig für den normalen Fett- und Eiweißstoffwechsel und die Synthese von nicht essentiellen Aminosäuren und Purinen. Avidin (in rohem Eiweiß) verhindert die Aufnahme durch den Körper. Wirkt zusammen mit den Vitaminen B2, B6, Niacin und A und trägt zur Erhaltung einer gesunden Haut bei.

Mangelerscheinungen: Hauterkrankungen (Dermatitis), Hyperkeratose, Anorexie, Anämie, vermehrter Speichelfluss, blutiger Durchfall

Quellen: Leber, Niere, Alfalfa, Eigelb, Bierhefe, Milch, Reis, Nüsse, Haferflocken

Bedarf: unbekannt

Inosit

Wichtig für den Transport der Fette. Verbindet sich mit Cholin, um Lecithin zu bilden. Senkt den Cholesterinspiegel, fördert Haarwachstum. Hilft bei der Vorbeugung gegen Ekzeme. Hilft bei der Verteilung von Körperfett. Hat beruhigende Wirkung.

Mangelerscheinungen: Ekzeme

Quellen: Innereien, Bierhefe, Rosinen, Weizenkeime, Erdnüsse, Kohl, Eier, Milch

Bedarf: unbekannt

PABS (Paraaminobenzoesäure)

Lindert Schmerzen bei Verbrennungen. Erhält die Haut gesund und weich. Hilft bei der Bildung von Folsäure und ist wichtig für die Verwertung von Eiweiß. Begünstigt die Aufnahme - und damit die Wirksamkeit - von Pantothensäure.

Mangelerscheinungen: Ekzeme

Quellen: Leber, Niere, Bierhefe, Reis, Kleie, Weizenkeime, schwarze Melasse, Milch

Bedarf: unbekannt

Vitamin C

Vitamin C oder Ascorbinsäure ist ein wasserlösliches Vitamin, welches von den meisten Lebewesen selbst hergestellt wird; Ausnahmen sind Menschen, Affen, Meerschweinchen, Forellen, Obst-fressende Fledermäuse, Coho Lachs und einige Vogelarten.

Auch Hunde synthetisieren Vitamin C in der Leber aus Glucose, allerdings sehr wenig im Vergleich zu anderen Tieren. Eine Maus, z. B. produziert 275 mg/kg Körpergewicht/ Tag, der Hund 40 mg/kg Körpergewicht/Tag. Die Konzentration der Ascorbinsäure in Hundemilch ist viermal so hoch wie im Blut. Ascorbinsäure hat viele wichtige Funktionen im Körper; sie ist der wichtigste wasserlösliche Antioxidansfaktor im Körper, sie schützt Folsäure und Vitamin E vor Oxidationsprozessen, wandelt Kupfer in eine Form um, in der es als Bestandteil von vielen Enzymsystemen gebraucht wird, und ist nötig für den Cholesterinabbau. Des Weiteren ist Ascorbinsäure unersetzlich in der Synthese von Kollagen; ein Ascorbinsäuremangel lässt schwaches Bindegewebe in Gelenken, Muskeln, Knochen und Haut entstehen. Mit Niacin und Vitamin B6 ist Vitamin C notwendig zur Produktion von Carnitin. Die Eisenresorption wird begünstigt und der Histaminspiegel kontrolliert mit Hilfe von Ascorbinsäure. Ascorbinsäure hilft auch bei Wundheilung, Erholung von Stress, stärkt die Immunfunktion, hilft bei Entzündungen und eventuell auch bei Krebserkrankungen.

Bei gesunden Hunden wurde wissenschaftlich noch kein Vitamin C-Mangel beobachtet, aber einige mögliche Symptome eines Mangels sind schlechte Wundheilung, Krankheitsanfälligkeit, Anämie, Blutungen und Zahnfleischerkrankungen. Eine Überdosierung ist nicht bekannt.

Trotz der Tatsache, dass Hunde ihren Bedarf an Vitamin C selbst decken können, gibt es einige interessante Studien und Theorien, die zeigen, dass eine Ascorbinsäurenergänzung sinnvoll wenn nicht sogar notwendig sein könnte. Bei Schlittenhunden wird oft ein Vitamin C-Mangel des Blutplasmas während der Rennsaison beobachtet. Ascorbinsäure ist wichtig für die Synthese von Carnitin, das wiederum in den Fettstoffwechsel involviert ist. Der abfallende Carnitin-Spiegel im Muskel und die entsprechende Muskelschwäche ist eines der ersten Anzeichen von Skorbut. Die Oxidation der Fettsäuren wird verstärkt durch Training und eine Diät mit einem hohen Fettgehalt, deswegen ist es wahrscheinlich, dass Schlittenhunde einen außerordentlich hohen Bedarf an Carnitin und dementsprechend Vitamin C haben. In der Antarktis wurde Skorbut bei Schlittenhunden beobachtet, die überwiegend mit gefrorenem Fleisch ernährt worden sind. Diese Symptome verschwanden nach einer Futterumstellung auf frisches Fleisch.

Eine Feldstudie, durchgeführt von dem Tierarzt Dr. Wendell O. Belfield, sollte beweisen, dass extrem hochdosiertes Vitamin C die Entwicklung von Hüftgelenksdysplasie zu 100 % verhindere. Dr. Belfield nahm acht Verpaarungen Deutscher Schäferhunde vor, die entweder selber HD hatten oder es bereits vererbt hatten. Die Muttertiere bekamen ab Decktag eine von ihm entwickelte und vermarktete Vitamin- und Mineralmischung aus

Natriumascorbat, Kollagen und anderen zur Kollagenbildung essentiellen Nährstoffen (Mega C drops). Diese Mischung bekamen dann die Welpen nach der Geburt bis hin zur Entwöhnung, danach bekamen sie eine ähnliche Mischung (Mega C Plus) bis zum zweiten Lebensjahr. 100 % der Nachkommen aus diesen acht Verpaarungen waren mit 24 Monaten HD frei. Leider blieb dieses Resultat bis heute nicht reproduzierbar.

Des Weiteren gibt es einige Studien, die auf einen Zusammenhang von Vitamin C-Mangel und HOD deuten, weil die erkrankten Hunde gut auf eine Vitamin C-Behandlung ansprachen. Eine unbehandelte Kontrollgruppe hat hier allerdings gefehlt, was leider dazu führte, dass diese Ergebnisse nicht weiter erforscht worden sind, weil sie als „unbewiesen" galten. Dasselbe Manko hatten Studien, in denen Staupe und Zwingerhusten verhindert sein sollten bzw. der Krankheitsverlauf gemildert sein sollte durch hochdosiertes Vitamin C.

Eine neuere Studie über die Behandlung von Parvovirus mit hochdosiertem intravenös verabreichtem Vitamin C konnte noch nicht durch Kontrollgruppen bestätigt werden, zeigte aber vielversprechende Ergebnisse. Einige Studien zeigten deutlich, dass Welpen, die mit „Vitamincocktails" vorbehandelt worden waren, eine deutlich bessere Immunantwort nach einer Impfung zeigten als die unbehandelte Kontrollgruppe.

Weitere Studien und Praxis-Erfahrungen bzw. „anekdotische" Berichte von Tiermedizinern, Hundezüchtern und -haltern zeigen, dass Vitamin C auch bei entzündlichen Prozessen wie z. B. Arthritis Linderung bringt. Heutzutage empfehlen Ernährungswissenschaftler oft eine zusätzliche Gabe von Ascorbinsäure bei Hunden mit Virusinfektionen, bei Arthrosen, nach Operationen, in extremen Stresssituationen, bei der Laktation, bei sportlichen Hochleistungen und bei Wachstumsstörungen.

Aus meinen Erfahrungen kann ich die positive Wirkungsweise bei entzündlichen Prozessen sowie bei Infektionen oder Wachstumsstörungen nur bestätigen. Eine Behandlung mit hochdosiertem Vitamin C über kurze Zeit zeigt in den meisten Fällen eine rasche Wirkung. Danach ist es ratsam, zusätzliches Vitamin C zu verabreichen in Form von Vitamin C-reichen Lebensmitteln, wie z. B. Hagebutten oder Acerola. Die Dosierungsratschläge sind sehr unterschiedlich und hängen oft von dem Individuum ab. Am besten ist es mit 1000 mg/Tag zu beginnen, die Dosierung dann über einige Tage bis auf 4-5000 mg anzuheben bzw. so hoch zu dosieren, bis der Hund einen weichen Stuhlgang bekommt, welches ein Zeichen der Überdosierung ist. Diese Maximal-Dosierung dann über zwei Wochen halten und dann langsam wieder ausschleichen bzw. auf einen Erhaltungslevel bringen (100-500 mg/Tag). Wegen der möglichen magenreizenden Wirkung von Ascorbinsäure ist es empfehlenswert, Calciumascorbat (Ester C) oder Natriumascorbat zu nutzen, da diese Formen nicht zu Magenreizungen führen. Für den täglichen Bedarf ist es besser, Vitamin C in seiner natürlichen Form zu füttern, also in Form von Lebensmitteln.

Quellen: Hagebutten, Acerola, wilde Erdbeeren (Blätter), Petersilie, Kresse, Paprika, Brunnenkresse, Brennesseln, Broccoli, Alfalfa, Sellerie, Karotten und natürlich Zitrusfrüchte, wobei sie den Magen reizen können.

Vitamin D (Calciferol)

Die beiden D-Vitamine, D2 (Ergocalciferol) und D3 (Cholecalciferol) sind eigentlich Vorstufen von Hormonen, die an der Regulierung des Calcium- und Phosphat-Stoffwechsels beim Hund beteiligt und deshalb wichtig für Knochenwachstum und -erhaltung sind. Wegen der regulierenden Funktionen, die Vitamin D im Körper ausübt, besteht eine Kontroverse, ob nun Vitamin D zu den Vitaminen oder zu den Hormonen gehört.

Provitamin D2 wird von Pflanzen synthetisiert, wenn Ergosterol mit UV-Licht bestrahlt wird. Dieses findet offenbar nur in geerntetem oder beschädigtem Pflanzengewebe statt und ist deswegen nur relevant für Pflanzenfresser, die sonnengetrocknete oder bestrahlte pflanzliche Nahrungsmittel zu sich nehmen.

Provitamin D3 wird von Allesfressern und Fleischfressern hergestellt, wenn 7-Dehydrocholesterin - eine Verbindung, die in der Haut von Tieren vorkommt - mit UV-Licht bestrahlt wird. Es scheint unklar zu sein, ob diese Umwandlung in der Haut auch beim Hund erfolgt. Laut Zentek/Meyer findet diese Umwandlung nicht statt, sie liefern aber keine Quelle für diese Information. Die restliche Fachliteratur beschreibt diese Umwandlung auch beim Hund. Generell wird Vitamin D3 entweder durch das Fressen von Cholecalciferol-haltigen Lebensmitteln aufgenommen oder vom Körper selbst synthetisiert.

Egal ob das Vitamin D3 nun aufgenommen oder synthetisiert wird, es wird erstmal in der inaktiven Form von Cholecalciferol in der Leber, im Muskelgewebe und im Fettgewebe gespeichert und muss erst aktiviert werden. Die Aktivierung erfolgt in zwei Schritten. Der erste Schritt findet in der Leber statt, der zweite in den Nieren.

Vitamin D ist notwendig für die Aufnahme von Calcium und Phosphor und damit für ein stabiles und belastbares Skelett und gesunde Zähne. Es greift regulierend in den Calciumhaushalt und den Phosphatstoffwechsel ein und ist an der Regulierung des Calciumgehalts im Blutplasma beteiligt, indem es dafür sorgt, dass Calcium sowohl aus den Knochen freigesetzt wie auch im Darm vermehrt aufgenommen wird. Die Aufrechterhaltung des Calciumgehalts im Blutplasma ist für die Funktionsfähigkeit des Nervensystems und für das Wachstum und den Erhalt der Knochen wichtig. Vitamin D3 vermindert außerdem die Ausschüttung von Parathormon, dessen Hauptaufgabe die Erhöhung der Calcium-Konzentration im Blutplasma ist.

Bedarf an Vitamin D

Der Vitamin D-Bedarf hängt stark von den Calcium- und Phosphor-Konzentrationen sowie dem Verhältnis beider Mineralien in der Nahrung ab. Auch der Entwicklungszustand (Wachstum, Alter) spielt eine wichtige Rolle. Bei einem Ca:P-Verhältnis von 1,2:1 reichen 8-10 I.E./kg Körpergewicht/Tag beim erwachsenen Hund aus, bei wachsenden Junghunden sind es bis zu 22 I.E./kg Körpergewicht/Tag.

Mangelerscheinungen
Ein Mangel an Vitamin D kann zu Rachitis bei Welpen und Osteoporose bei erwachsenen Hunden führen, tritt allerdings nur dann auf, wenn der Hund gleichzeitig zu wenig Sonnenlicht ausgesetzt wird und kaum Vitamin D in der Nahrung bekommt. Ein Vitamin D-Mangel lässt sich durch Einwirkung von Sonnenlicht vermeiden bzw. heilen.

Überdosierung
Durch eine Überdosierung von Vitamin D wird eine Anhebung der Calciumkonzentration im Blut ausgelöst; eine Hyperkalzämie, die dauerhafte Ablagerungen von Mineralstoffen in Herz, Lunge und Nieren und Wachstumsverzögerungen und gestörte Gebissentwicklung verursachen oder zu schweren Organstörungen führen kann.

Symptome einer Hyperkalzämie sind u. a. Herzrhythmusstörungen, häufiges Urinieren, vermehrte Wasseraufnahme, Übelkeit und Erbrechen, Nierensteine und Nierenverkalkung. Bereits eine moderate Vitamin D-Ergänzung kann zu krankhaften Erscheinungen führen, wenn die Nahrung calciumarm ist!

Zu einer Vitamin D-Überdosierung kann es weder durch zu langen Aufenthalt in der Sonne noch durch Aufnahme Vitamin-D-haltiger Nahrungsmittel kommen. Nur durch Einnahme von synthetischem Vitamin D ist eine Überdosierung möglich.

Obwohl Vitamin D fettlöslich ist, kann der Körper nicht viel davon speichern.
Vitamin D wird durch Lagerung und Zubereitung von Lebensmitteln in seiner Aktivität nicht beeinflusst. Es ist bis 180 °C hitzestabil.

Viel Vitamin D enthalten: Fisch, Eier, Leber, Lebertran, Käse, Milch, Butter, tierisches Gewebe.

Vitamin E

Tocopherole sind eine Gruppe von fettlöslichen Vitaminen, die unter dem Namen Vitamin E zusammengefasst werden und hauptsächlich als Antioxidantien wirken. Es gibt acht Tocopherole: Alpha, Beta, Gamma, Delta, Epsilon, Zeta, Eta und Theta. Alpha-Tocopherol ist das wirksamste bzw. das Tocopherol mit der höchsten Aktivität. Natürliche Tocopherole werden, zumindest im menschlichen Körper, doppelt so gut aufgenommen wie synthetische Tocopherole. Synthetische Tocopherole werden mit „DL" gekennzeichnet, im Gegensatz zu natürlichen Tocopherolen, die mit „D" gekennzeichnet werden, z. B. D-Alpha-Tocopherol.

Tocopherole werden nur von Pflanzen gebildet, kommen aber als fettlösliches Vitamin in allen Zellmembranen vor, so dass sie auch in tierischen Fetten vorhanden sind. Vitamin E wird hauptsächlich in der Leber gespeichert, aber auch im Fettgewebe, im Herz, in den Muskeln, Hoden, der Gebärmutter, dem Blut und den Nebennieren. Tocopherole wirken als Schutzsystem vor aggressiven Verbindungen (Radikale). In der Zellmembran eingelagertes Vitamin E schützt als Antioxidans mehrfach ungesättigte Fettsäuren vor der Zerstörung durch freie Radikale.

Die Peroxidation der Körperlipide (Fette) kann die strukturelle Integrität der Zellen zerstören und die normalen Zellfunktionen somit hindern.

Darüber hinaus verhindert Vitamin E die Oxidation von Vitamin A und schwefelhaltigen Aminosäuren und hat eine wichtige Interaktion mit dem Spurenelement Selen. Selen spielt eine bedeutende Rolle beim Abbau der Peroxide, die während des Prozesses der Oxidation entstehen. Da Vitamin E die Oxidation der Zellmembran-Fette verhindert, wird das Selen geschont, weil weniger Peroxide überhaupt erst entstehen und somit weniger Selen zu ihrem Abbau benötigt wird.

Vitamin E spielt auch eine wichtige Rolle bei der Herstellung von Prostaglandinen, die wiederum für den Blutdruck, die Muskelkontraktion und die Funktion der Geschlechtsorgane unentbehrlich sind. Interessant: Der Begriff Tocopherol stammt von einem griechischen Wort ab, das soviel wie „gebären" bedeutet.

Zusammengefasst ist Vitamin E wichtig für den Erhalt des Zellkerns und in seiner Funktion als Antioxidans, sorgt für einen gesunden Blutkreislauf und hilft Herzerkrankungen zu verhindern, stärkt das Immunsystem, hält Bindegewebe elastisch, hält die Haut gesund und hilft bei Wundheilung, ist wichtig für die Geschlechtsorgane und fungiert als natürlicher Konservierungsstoff.

Die Aufnahme von Vitamin E ist an die der Fette gekoppelt, die Absorptionsrate ist dosisabhängig und liegt zwischen 3-50 %. Erhöht wird sie durch mittelkettige Fettsäuren, vermindert durch mehrfach ungesättigte Fettsäuren und oxidierte Fette.

Der Bedarf richtet sich nach verschiedenen Lebenssituationen und ist vor allem abhängig von der Menge ungesättigter Fettsäuren, die mit der Nahrung zugeführt wird.

Generell wird der Bedarf im Erhaltungsstoffwechsel mit 0,67 IE/kg Körpermasse angegeben (bei synthetischen Tocopherolen etwas mehr – 1 IE/kg KM) und bis zur zweifachen Menge im Wachstum und bei Trächtigkeit. Auch Rüden, die häufig in der Zucht eingesetzt werden, haben einen höheren Bedarf. Bei der regelmäßigen Gabe von Fischölen, insbesondere Vitamin A-reiche Fischöle wie Lebertran, sollte die Vitamin E-Zufuhr bis auf 10 IE/g Fischöl erhöht werden.

Vitamin E ist relativ hitzebeständig, verliert aber durch Einfrieren mit der Zeit an Aktivität. Einen hohen Gehalt an Vitamin E weisen Pflanzenöle auf, aber der Bedarf an Vitamin E steigt durch den hohen Anteil an ungesättigten Fettsäuren.

Mangelerscheinungen

Ein Mangel kann durch die gleichzeitige Gabe von Eisen entstehen oder durch eine Überversorgung mit Vitamin A. Symptome eines Vitamin E-Mangels sind unter anderem: Muskelschwäche, Gewichtsverlust, Dermatose, Immunschwäche, Blutstörungen, erhöhte Unfruchtbarkeit und PRA (Progressive Retinale Atrophie).

Überdosierung

Eine Überdosierung ist bislang nicht wissenschaftlich festgestellt worden, aber es wird vermutet, dass eine starke Überdosierung die Funktionen von Vitamin K stören und auch Anorexie verursachen könnte.

Quellen

Besonders reich an Vitamin E sind Barfers Omega 3-6-9-Öl, Sonnenblumenkernöl, Weizenkeimöl, Walnüsse, Weizenkeime, Erdnüsse, Olivenöl, Broccoli, Spinat, Spargel, Löwenzahnblatt, Hafer, Äpfel, Grünkohl, Schwarzwurzeln und Paprika.

Hinweis: Da Vitamin E blutverdünnende Eigenschaften hat, sollte man vor einer Operation nicht zuviel zusätzliches Vitamin E verabreichen. Nach einer Operation ist Vitamin E hingegen hilfreich bei der Wundheilung.

Vitamin K

Vitamin K gibt es in zwei natürlichen Formen, Vitamin K1 oder Phyllochinon und Vitamin K2 oder Menachinon. Es gibt außerdem noch einige synthetische Formen, insbesondere Vitamin K3 oder Menadion. Vitamin K3 ist nachweislich gesundheitsschädlich und in Nahrungsmitteln für den Humanbereich seit 1989 verboten. Dennoch findet man noch heute Fertigfutterprodukte für Hunde mit Zusatz von Vitamin K3, da es im Veterinärbereich noch als Zusatzstoff eingesetzt werden darf. Auf Vitamin K3 werde ich an dieser Stelle nicht weiter eingehen, da es in der artgerechten Ernährung mit BARF nicht vorkommt.

Vitamin K1 und K2 sind fettlösliche Vitamine und haben im Körper viele wichtige Funktionen. Am bekanntesten ist Vitamin K für die Regulierung der Blutgerinnung durch die Produktion von Prothrombin. Vitamin K spielt außerdem eine große Rolle in der Regulierung des Calciumstoffwechsels, indem es das Eiweiß Osteocalcin, welches Calcium in die Knochen einschleust, aktiviert. Ohne die Aktivierung durch Vitamin K kann dies nicht geschehen. Eine weitere wichtige Rolle spielt Vitamin K beim Erhalt der Darmflora, der Stärkung des Immunsystems, der Erhaltung gleichbleibender Fließeigenschaften des Blutes, der Verhinderung von Thrombozyten-Aggregation, der Entspannung der Muskulatur, der Enzymaktivität, der Sicherung der Leber- und Nierenfunktion, der Regulation anderer Vitamine, der Beeinflussung von Antibiotikawirkung und der Neutralisation bestimmter Schimmelpilzgifte *(www.vitamin-k1.de)*.

Vitamin K1 wird mit der Nahrung aufgenommen, Vitamin K2 wird im Darm mit Hilfe von Bakterien synthetisiert. Die Haupt-Aufnahmeorte sind Leber, Muskeln und Haut.

Quellen: Vitamin K ist überwiegend in grünem Blattgemüse wie Spinat, verschiedenen Kohlsorten und Heilpflanzen sowie in Meeresalgen enthalten. Tierische Quellen sind Leber, Eigelb und Fischmehle. In den meisten Fleischsorten sind kleine Mengen Vitamin K1 enthalten.

Bedarf: Keinen bei ausreichender Fütterung von grünem Blattgemüse. Nach Antibiotikakur, Operationen, schweren Erkrankungen, Herzerkrankungen oder bei Skeletterkrankungen ist es sinnvoll, Vitamin K1-Tropfen zu verabreichen.
Dosierung: 0,5-1 Tropfen/kg KM
Eine Überdosierung ist nicht bekannt.

Mineralien

Calcium

Calcium ist das Mineral, das Hundebesitzer am meisten beschäftigt. Vermutlich ist das so, weil Hunde zunehmend an Skeletterkrankungen leiden, die zum Teil durch einen zu hohen Anteil an Calcium und Vitamin D in Fertigfutterprodukten in früheren Jahren entstanden sind. Heutzutage sind jedoch die Zusammensetzung der meisten Fertigfutterprodukte nach neueren wissenschaftlichen Erkenntnissen, zumindest in Bezug auf Vitamine und Mineralien, korrigiert worden. Geblieben ist eine regelrechte Besessenheit mit den Themen Calcium und Calcium-Phophor-Verhältnis (Ca:P-Verhältnis).

Calcium hat viele wichtige Funktionen im Körper; es bildet die Knochen und Zähne, hilft die Muskeln zu kontrahieren, hilft das Blut zu gerinnen und ist an der Nerven- und Herzfunktion sowie enzymatischen und hormonellen Prozessen beteiligt.

Die Aufnahme von Calcium aus der Nahrung hängt von verschiedenen Faktoren ab wie dem Alter des Hundes und welche Nährstoffe er gleichzeitig zu sich nimmt. Der Hund kann zwischen 10-90 % des gefütterten Calciums verwerten. Vitamin D erhöht die Absorption von Calcium und Fett, wobei zuviel Fett die Absorption von Calcium wiederum drosselt.

Mangelerscheinungen: Gewichtsabnahme, Muskelabbau, Krämpfe, Zahnausfall, Knochendemineralisierung, langsameres Wachstum, Rachitis, Malabsorption anderer Mineralien

Überdosierung: Nierenerkrankungen, Lahmheit bis Gelenksfehlbildungen, Schilddrüsenunterfunktion, Malabsorption anderer Mineralien, Verdauungsstörungen

Quellen: Knochen, Knochenmehl, Eierschalen, grünes Blattgemüse, Milchprodukte

Chrom

Chrom hilft den Blutzucker zu regulieren, unterstützt die Nebennierenrindenfunktion, hilft bei Stressreaktionen des Körpers und schützt gegen Herzerkrankungen.

Mangelerscheinungen: erhöhte Cholesterin- und Triglyzeridwerte, Glucoseintoleranz

Überdosierung: Hautprobleme, Atemwegsprobleme

Quellen: Fleisch, Gemüse, Obst

Cobalt

Eine wichtige Komponente des Vitamins B 12.
In Fleisch und Innereien enthalten

Eisen

Hilft rote Blutkörperchen zu bilden, stärkt das Immunsystem, bildet Myoglobin, fungiert als Co-Faktor bei einigen enzymatischen Prozessen.

Mangelerscheinungen: Rotfärbung des Fells bei hellen Rassen, Anämie, Wachstumsrückstand, Lethargie, struppiges Fell

Überdosierung: Gewichtsabnahme, Lebererkrankungen, Eisenablagerung im Gewebe

Quellen: Eier, Innereien, Fleisch, Gemüse, Soja, Weizenkleie, rote Beete, Spinat

Jod
Wichtig für die Schilddrüsenfunktion, steuert den Stoffwechsel und reguliert den Energiehaushalt.
Mangelerscheinungen: Kropf, Haarausfall, Schilddrüsenunterfunktion, Skeletterkrankungen, Fruchtbarkeitsstörungen, Lethargie, Hautprobleme
Überdosierung: Appetitverlust, Immunschwäche, Lethargie, Fieber, struppiges Fell
Quellen: Meeresalgen, Fisch, Milch, Eier, Geflügel

Kalium
Ein Elektrolyt, das bei vielen enzymatischen Prozessen beteiligt ist, unterstützt die Herzfunktion und Muskelkontraktion, reguliert den Blutdruck und den Säure-Basen-Haushalt.
Mangelerscheinungen: durch Durchfall oder Diuretikagabe - Gewichtsabnahme, Haarausfall, Schwäche, Lethargie, Muskelabbau, Herz- und Nierenläsionen
Überdosierung: selten, kommt nur vor, wenn der Hund nicht ausreichend Urin ablässt
Quellen: Milch, Fleisch, Joghurt, Obst, Weizenkleie

Kupfer
Notwendig für die Aufnahme und den Transport von Eisen im Körper, hilft bei der Melaninproduktion, beteiligt an der Myelinisierung der Nerven, herzfunktionsunterstützend, hilft bei der roten Blutkörperbildung, unterstützt die Bildung von Knorpel und Bindegewebe.
Mangelerscheinungen: Kotfressen, Pigmentverlust, Knochenläsionen, Anämie, Wachstumsstörungen, Muskelstörungen
Überdosierung: Hepatitis, erhöhte Leberwerte
Quellen: Fleisch, Knochen, Leber

Magnesium
Wichtig für die Verwandlung von Eiweißen, Fetten und Kohlenhydraten in Energie, unterstützt die Eiweißsynthese, verhindert Blutgerinnsel, hilft bei der Verwertung von Natrium und Kalium, wichtig für die DNA-Synthese, hilft bei der Knochenbildung, wichtig für die Nervenfunktionen, verhindert Muskelschwäche, unterstützt die Herzfunktion, wichtig für den Stressabbau.
Mangelerscheinungen: Appetitlosigkeit, Reizbarkeit, Lethargie, Depression, Muskelschwäche, Ataxie, verlangsamtes Wachstum, Anfälle, Aortaverkalkung
Überdosierung: keine bekannt, Überschuss wird ausgeschieden
Quellen: Knochen, Knochenmehl, Getreide, Gemüse, Milchprodukte

Mangan
An vielen enzymatischen Prozessen beteiligt, die zur Energieversorgung wichtig sind. Wichtig für den Erhalt der Zellstrukturen, hilft Calcium und Phosphor zu verwerten, wichtig für die Verstoffwechslung von Eiweißen, Fetten und Kohlenhydraten, hilft die Immunabwehr und die Fruchtbarkeit zu erhalten.

Mangelerscheinungen: selten, geschwollene, steife Gelenke, brüchige Knochen, Fettleber
Überdosierung: keine bekannt
Quellen: Getreide, Fischöl

Natrium

Gehört zu den Elektrolyten, hilft den Säure-Basen-Haushalt zu regulieren, wichtig für Muskelkontraktionen, fördert Wachstum, hilft Nährstoffe an die Zellen abzugeben sowie Abfallprodukte abzutransportieren, wichtig für die Nervenfunktion.

Mangelerscheinungen: Erschöpfung, fehlende Milchbildung bei laktierenden Hündinnen, trockene Haut, Haarausfall, Störungen im Flüssigkeitshaushalt, schlechte Eiweißverwertung
Überdosierung: Durst, Verstopfung, Anfälle, Juckreiz
Quellen: Salz, Fisch, Meeresalgen, Eier, Blut, Getreide

Phosphor

Wichtig für das gesunde Wachstum, die Knochen- und Zahnbildung, hilft bei Muskelkontraktionen, wichtig für die Verwertung von Eiweiß, Fett und Kohlenhydraten, hilft bei der Zellenbildung.

Mangelerscheinungen: Kotfressen, Zahnverlust, schlechte Futterverwertung, geringeres Wachstum, Verstopfung, deformierte Zehen, schlechtes Haarkleid, Lahmheit, Knochenbrüche, Rachitis, Unbeweglichkeit, Unfruchtbarkeit
Überdosierung: Calciumaufnahme reduziert, Knochenabbau, Nierensteinbildung, Muskelabbau, Anfälle, Kalkablagerung im Gewebe, Magnesiummangel
Quellen: Fleisch, Milchprodukte, Eier, Pflanzen

Selen

Funktion als Antioxidans, unterstützt das Immunsystem und die Fruchtbarkeit, hilft zusammen mit Vitamin E den Coenzym Q10-Spiegel zu erhalten.

Mangelerscheinungen: Muskelschwäche, Atemnot, Unfruchtbarkeit, Ödeme, Depressionen
Überdosierung: Erbrechen, Appetitverlust, Nagelbruch oder -ausfall, Atemnot, Speicheln
Quellen: Leber, Eier, Getreide, Fischmehl

Zink

Ist in über 200 Enzymen enthalten, hilft beim Knochenwachstum, der Fötenentwicklung, der Wundheilung, der Insulinproduktion, der Immunabwehr und der Synthese von Eiweiß und Kollagen.

Mangelerscheinungen: Gewichtsabnahme, Haarausfall, Immunschwäche, Ekzeme
Überdosierung: Calcium- und Kupfermangel
Quellen: Leber, Geflügelfleisch (dunkel), Eigelb, Milch

Welche Vitamine & Mineralien finde ich wo?

Die folgenden Tabellen zeigen Lebensmittel und Kräuter, die besonders gehaltvoll an verschiedenen Vitaminen und Mineralien sind. Die Listen sind keineswegs vollständig und sollen nur zeigen, dass eine abwechslungreiche Ernährung den Bedarf an sämtlichen Vitaminen und Mineralien decken kann.

Calcium	Eisen	Jod	Kupfer	Magnesium	Mangan	Selen	Zink
Alfalfa	Alfalfa	Fisch	Alfalfa	Alfalfa	Alfalfa	Alfalfa	Alfalfa
Amaranth	Beete	Knoblauch	Beete	Äpfel	Ananas	Bierhefe	Bierhefe
Brennessel	Birnen	Meeresalgen	Broccoli	Bananen	gr.Blattgemüse	brauner Reis	Brennessel
Broccoli	Brennessel	Meersalz	Fisch	Beete	große Klette	Brennessel	Eigelb
Brunnenkresse	Chicoree	Sesam	gr.Blattgemüse	brauner Reis	Hagebutten	Broccoli	Fisch
Chicoree	Datteln	Spinat	Hafer	Brennessel	Heidelbeeren	Fisch	Fleisch
Endivien	Eier	**Kalium**	Johannisbeere	Brombeeren	Himbeerblatt	Gemüse	gr.Blattgemüse
gr.Blattgemüse	Endivien	Alfalfa	Knoblauch	Brunnenkresse	Katzenminze	Getreide	große Klette
große Klette	Fisch	Bananen	Knoblauch	Datteln	Kleie	große Klette	Hagebutten
Hagebutten	Fleisch	Bierhefe	Leber	Feigen	Königskerze	Hagebutten	Hopfen
Himbeerblatt	Gerste	brauner Reis	Löwenzahn	Fisch	Löwenzahn	Himbeerblatt	Kleie
Hirtentäschel	gr.Blattgemüse	Brennessel	Nüsse	Fleisch	Nüsse	Hopfen	Königskerze
Knochen	große Klette	Datteln	Radieschen	Gerste	Rotklee	Huhn	Leber
Knorpel	Hagebutten	Fisch	**Phosphor**	Gurken	Schafgarbe	Katzenminze	Löwenzahn
Königskerze	Himbeerblatt	Fleisch	Alfalfa	Hafer	vk.Getreide	Knoblauch	Mariendistel
Löwenzahn	Kürbis	Helmkraut	Datteln	Himbeeren	Vogelmiere	Leber	Meeresalgen
Meeresalgen	Leber	Hopfen	Eier	Kartoffeln	**Natrium**	Mariendistel	Nüsse
Milchprodukte	Löwenzahn	Joghurt	Fisch	Kokos	Alfalfa	Meeresalgen	Petersilie
Minze	Mariendistel	Kartoffeln	Geflügel	Meeresalgen	Brunnenkresse	Milchprodukte	Wegerich
Paprika	Meeresalgen	Katzenminze	Getreide	Milchprodukte	Löwenzahn	Minze	
Petersilie	Paprika	Milchprodukte	Lachs	Minze	Meeresalgen	Schachtelhalm	
Rotklee	Petersilie	Rotklee	Mais	Möhren	Möhren	Schafgarbe	
Schachtelhalm	Reis	Salbei	Milchprodukte	Petersilie	Sellerie	Vogelmiere	
Schafgarbe	Salat	Schachtelhalm	Nüsse	Roggen	Spinat		
Spinat	Schachtelhalm	Spinat	Samen	Sellerie			
Vogelmiere	Spinat	Trockenobst	Trockenobst	Spinat			

Tabelle 3.1 - Mineralienvorkommen in Lebensmitteln und Kräutern